KLASSIKER
DR. OETKER
VERLAG
SEIT 1891

HEISSLUFT-FRITTEUSE

SCHNELL, EINFACH, FETTARM

HEISSE LUFT UND JEDE MENGE KOCHSPASS

Auch vor Ihrem Zuhause hat der Trend offensichtlich nicht Halt gemacht und in Ihrer Küche steht bereits eine Heißluftfritteuse, **auch Airfryer genannt**. Garantiert haben Sie schon das eine oder andere darin zubereitet und dabei festgestellt, was Ihr neues Küchengerät ausmacht: Anstelle von Fett wird in heißer Luft gegart. **So wandeln sich übliche frittierte Kalorienbomben in deutlich schlankere Gerichte.** Darüber hinaus gart in der Heißluftfritteuse alles extrem fix, was Zeit und Energie spart.

Ein kleines Küchenwunder, das mehr kann als frittieren
Eine Heißluftfritteuse leistet aber noch vieles mehr. In ihr können Sie nicht nur wunderbar kross frittieren, sondern auch braten, grillen, rösten und sogar backen. Dr. Oetker zeigt Ihnen, wie all das funktioniert. Mit unseren spannenden Rezepten **lernen Sie Ihren Geräteneuling auf genussvolle Weise besser kennen**: Er zaubert schnelle Snacks ebenso wie Beilagen, Hauptgerichte und allerlei köstliche Desserts und Gebäck.

Mit diesem Buch und Ihrer Heißluftfritteuse können Sie Ihren Küchenalltag kreativ erweitern. Nicht zuletzt dann, wenn es darum geht, schnell und unkompliziert noch etwas „dazu" oder „extra" zu machen. Seien Sie also neugierig, und experimentieren Sie mit Ihrem Küchenzuwachs, der sicher bald zum neuen Lieblingsgerät wird.

Mit herzlichen Grüßen

Ihre Dr. Oetker Redaktion

INHALT

EIN WAHRES MULTITALENT

Traditionelle Fritteusen haben Konkurrenz bekommen: Die neuen Stars in der Küche sind Heißluftfritteusen. Mit ihnen können Sie fettarm frittieren, braten, backen – und das in kürzester Zeit!

Heißluftfritteusen, auch Airfryer genannt, haben sich innerhalb kürzester Zeit zu trendigen Mega-Sellern gemausert. Kein Wunder, denn im Gegensatz zu herkömmlichen Fritteusen, bei denen Speisen wortwörtlich in Fett schwimmen, wird in Heißluftfritteusen kalorienärmer mit wenig oder sogar ganz ohne Fett gegart. Deshalb ist der Name Heißluftfritteuse eigentlich irreführend, handelt es sich bei den Geräten doch eher um kleine, kompakte Umluftbacköfen. Auf engem Raum produziert darin eine Heizspirale extrem schnell Hitze, die durch einen Ventilator mit hoher Geschwindigkeit im gesamten Garraum verteilt wird. Das Tolle daran: im Gegensatz zur Fritteuse oder zum Backofen entfallen längere Aufwärm- oder Vorheizzeiten. Die meisten Heißluftfritteusen sind ganz ohne oder mit extrem kurzer Vorheizphase sofort betriebsbereit, was deutlich Zeit, Energie und damit letztlich Geld spart. So können Heißluftfritteusen immer dann punkten, wenn Speisen nur kurz oder in kleineren Mengen gegart werden und es sich schlicht nicht lohnt, Herd oder Backofen anzuschalten.

Beilagen und Snacks, für die sonst der Backofen aufgeheizt werden muss, werden im Airfryer ruckzuck nebenher fertig.

Was die so alles kann ...

Wer Pommes oder Schnitzel fettarm zubereiten möchte, hat mit seiner Heißluftfritteuse also eine echte Alternative. Ganz ohne Fett geht es jedoch meist nicht; allein schon, weil Fett als Geschmacksträger dafür sorgt, dass die Gerichte am Ende einfach doch ein bisschen besser schmecken. Aber es reicht, klein geschnittenes Fleisch, Gemüse oder Kartoffeln mit einem Löffelchen Öl zu mischen oder zu marinieren, damit sie später im heißen Luftzug nicht austrocknen, dafür aber schön bräunen. Sehr flüssige Teige, wie sie beim herkömmlichen Frittieren etwa für Calamares oder Apfelküchle genutzt werden, sind im Airfryer tabu. Zum einen würden sie heruntertropfen und Frittierkorb und Gerät verkrusten. Zum anderen sind sie zu feucht und werden erst dann knusprig, wenn das eingehüllte Gargut bereits verkocht ist. Beim Heißluftfrittieren ist vielmehr wichtig, dass das Gargut möglichst trocken ist. Gewaschenes Gemüse oder Pommes sollten Sie deshalb stets gut trocken tupfen, empfindliches Gargut sogar zusätzlich mit einer Panade überziehen, die das Innere schützt und mit ganz wenig Öl betupft oder besprüht zur herrlich krossen Hülle wird.

Gut Ding will Eile haben

Neben ihrer Eigenschaft, fettarm zu garen, ist die Tatsache, dass Heißluftfritteusen schnell auf Touren kommen, ein weiteres Plus. So lässt sich sogar auf den letzten Drücker noch eine Gemüsebeilage zubereiten oder ein kleiner Snack zaubern, wenn überraschend Gäste oder hungrige Kinder aus der Schule kommen. Egal ob klein geschnittenes Gemüse, Geschnetzeltes, Fischfilet oder ein paar Muffins zum Kaffee, alles, was schnell geht, geht in der Heißluftfritteuse noch schneller. Dabei kann sie sogar andere Küchengeräte ersetzen: Im Turbogang röstet sie anstelle des Toasters mehrere Scheiben Brot auf einmal, taut und backt Brötchen auf, gart ohne Wasser ein Ei oder schmilzt – ähnlich wie eine Mikrowelle – ganz nebenbei Butter oder Schokolade für den Kuchen, der anschließend ebenfalls in ihr backt. Lediglich bei Speisen wie Schmor-

Wer Frittiertes liebt, lebt mit der Heißluftfritteuse gesünder – knusprig wird es ohne üppiges Fettbad.

braten oder Gulasch, die längere Garzeiten erfordern, kommt die Heißluftfritteuse an ihre Grenzen – nicht nur was den Platz angeht. Lang gegarte, große Fleischstücke oder große Teigmengen für Kuchen tendieren dazu, im heißen Luftzug außen trocken zu werden, bevor sie innen durchgegart sind – ähnlich wie in einem Umluftherd.

Alles da? Alles klar!

Vielleicht fragen Sie sich, ob tatsächlich alle Rezepte in diesem Buch für Ihren Airfryer geeignet sind, da es doch offensichtlich so viele unterschiedliche Modelle auf dem Markt gibt. Die Antwort lautet: ja – wenn Sie ein paar Kleinigkeiten beachten (s. S. 10/11). Schwierig wird es lediglich, wenn Sie eine sehr kleine Heißluftfritteuse besitzen, da die Rezepte im Buch für 4 Personen und für Geräte mit mindestens 5 Litern Fassungsvermögen ausgerichtet sind. Aber auch hier können Sie bei Bedarf improvisieren und die Zutaten portionsweise nacheinander garen oder falls nötig eine kleinere Form verwenden.

Was Sie sonst noch brauchen

Viele Hersteller bieten passendes Zubehör für Heißluftfritteusen an, etwa Backformen oder Grilleinsätze. Fangen Sie ruhig klein an, denn vieles haben Sie vermutlich ohnehin in Ihrer Küche. Sinnvoll ist eine Sprühflasche, mit der sich Gargut wirklich hauchdünn mit Öl überziehen lässt. Solche Flaschen werden als Salat-Ölzerstäuber oder inzwischen sogar als Luftfritteusen-Ölzerstäuber angeboten. Alternativ eignet sich ein Backpinsel zum Betupfen mit Öl, am besten ein hitzebeständiger aus Silikon. Weil es in und an der Heißluftfritteuse heiß hergeht, brauchen Sie Topflappen oder Ofenhandschuhe und eine hitzebeständige Zange zum Wenden der Zutaten. Ansonsten sollten Sie die eine oder andere passende ofenfeste Form aus Aluminium, Porzellan oder Silikon haben. Passt die bei den Rezepten angegebene Größe partout nicht in Ihre Fritteuse? Nehmen Sie eine kleinere Form. Ein paar Zentimeter kleiner ist nicht tragisch, dadurch verlängert sich schlimmstenfalls die Garzeit ein wenig. Inzwischen werden spezielle, für unterschiedliche Airfryer-Modelle passende Einsätze aus stabilem Backpapier mit erhöhtem Rand angeboten, die den Garraum vor Verschmutzung schützen. Allerdings mindern sie die Leistung des Geräts, da die Luft nicht frei um das Gargut zirkulieren kann. Sie sind daher genau wie Backpapier nur empfehlenswert, wenn feuchtere, weiche Teige oder ähnliches frittiert werden, die festbacken oder tropfen könnten. Das wichtigste Zubehör auf einen Blick sehen Sie auf der folgenden Seite.

CLEVERES ZUBEHÖR

Nützlich ist das eine oder andere Zubehör beim Kochen mit der Heißluftfritteuse auf jeden Fall. Hier ein Überblick über das Basis-Equipment und – für alle, die so richtig auf den Geschmack gekommen sind, – Dinge, die das Heißluftfrittieren erleichtern.

KLEINE EXTRAS

Wer sehr oft mit der Heißluftfritteuse arbeitet, kann über Spezialzubehör wie Metallspieße, die genau in die Fritteuse passen, einen extra Rost oder eine Silikoneinlage nachdenken – muss man nicht haben, erleichtert aber die Arbeit bzw. die Reinigung der Fritteuse.

UNVERZICHTBARE HELFER

Mit einer Silikonzange und einem Pfannenwender sind Sie gut ausgerüstet, um das Frittiergut im Korb umzudrehen oder herauszuheben. Beim Arbeiten mit der heißen Fritteuse sollten Sie Ofenhandschuhe tragen!

ÖLZERSTÄUBER ODER SILIKONPINSEL

Ein hauchdünner Ölfilm reicht meist, um den Speisen knusprige Bräune zu verleihen. Zum Verteilen des Öls eignet sich am besten eine spezielle Sprühflasche für Speiseöl. Alternativ können Sie das Öl mit einem Silikon-Backpinsel auftragen.

BACKFORMEN

Im Prinzip können Sie jede Backform verwenden – vorausgesetzt, sie passt in Ihre Fritteuse. Dunkles Metall und Silikon eignen sich am besten. Mit einer kleinen Kastenform, einer kleinen quadratischen oder runden Form und Silikon-Muffinformen (einzelne Förmchen oder eine in die Fritteuse passende Form mit mehreren Mulden) sind Sie gut ausgestattet.

BACKPAPIER

Mittlerweile gibt es für Heißluftfritteusen speziell zugeschnittenes Backpapier – am besten eines mit Löchern verwenden, damit die heiße Luft möglichst ungehindert zirkulieren kann. Sie können aber auch herkömmliche Backpapierbogen (oder Papier von der Rolle) zuschneiden.

GELINGSICHERE REZEPTE

Damit Sie die Stärken Ihrer Heißluftfritteuse kennen und lieben lernen, haben unsere Profis für Sie wie stets Rezepte entwickelt, die leicht gelingen. Was Sie dazu vorab grundsätzlich wissen sollten, erfahren Sie auf dieser Seite.

Wir führen Sie Schritt für Schritt durch die Rezepte. Der Arbeitsablauf ist möglichst zeitsparend und so, wie die Rezepte getestet wurden.

Zeitangaben
Neben der Zubereitungszeit (tatsächlicher Aufwand für Vor- und Zubereitung) sind längere Zeiten wie Kühl-, Gar- oder Backzeiten ausgewiesen, in denen Sie nichts tun müssen. Abkühlzeiten sind nicht gesondert ausgewiesen, da sie u. a. von äußeren Faktoren wie der Umgebungstemperatur abhängen. Die Zeiten sind Richtwerte und können je nach Routine nach oben oder unten abweichen.

Zutatenliste
Die Zutatenmengen sind für die vor der Zutatenliste ausgewiesene Anzahl an Portionen angegeben. Die Zutaten sind in der Reihenfolge aufgeführt, in der sie oder ein Teil davon erstmals benötigt werden. Beachten Sie Mengenangaben genau. Ist Alkohol enthalten oder ist ein Gericht glutenfrei, ist dies mit einem Symbol gekennzeichnet.

Abkürzungen

EL	Esslöffel	**°C**	Grad Celsius
TL	Teelöffel	**Ø**	Durchmesser
Msp.	Messerspitze		
Pck.	Packung / Päckchen	**cm**	Zentimeter
g	Gramm		
kg	Kilogramm	**Nährwerte:**	
ml	Milliliter	**E**	Eiweiß
l	Liter	**F**	Fett
evtl.	eventuell	**Kh**	Kohlenhydrate
geh.	gehäuft		
gem.	gemahlen	**kcal**	Kilokalorie
ger.	gerieben		
TK	Tiefkühlprodukt		

Nährwerte
Die angegebenen Nährwerte sind gerundete Orientierungswerte – durch natürliche Schwankungen bei den Rohwaren können die tatsächlichen Werte nach oben oder unten abweichen. Wir geben Werte für die Hauptnährstoffe Eiweiß, Fett und verwertbare Kohlenhydrate (d. h. ohne Ballaststoffe) in Gramm sowie den Energiegehalt in Kilokalorien an.

Vegetarisch oder vegan?
Vegetarier verzichten auf Fleisch, Fisch und damit hergestellte Produkte, Veganer auch auf Zutaten von lebenden Tieren wie Eier, Milch und Honig. Für beide Tabu sind Verarbeitungshilfsstoffe, für die ein Tier getötet werden musste. Dazu zählt z. B. tierisches Lab, ein Enzym aus dem Kälbermagen, das traditionell bei der Käseherstellung verwendet wird. Viele Hersteller produzieren Käse mittlerweile auch mit mikrobiellem Labersatz und kennzeichnen dies. Einige traditionelle Sorten, etwa Parmesan, Pecorino oder Gorgonzola, gibt es aber nur mit tierischem Lab – sie sind deshalb nicht vegetarisch. Die Alternativen: geschmacklich ähnliche Produkte, etwa Montello oder alter Gouda statt Parmesan oder ein würziger Blauschimmelkäse statt Gorgonzola. Auch Wein, Essig oder Fruchtsäfte sind nicht unbedingt vegetarisch, da sie häufig mit Gelatine geklärt werden. Da die Hersteller Verarbeitungshilfsstoffe nicht kennzeichnen müssen, lässt sich bei verarbeiteten Produkten oft schwer beurteilen, ob sie vegetarisch oder vegan sind. Wer sichergehen möchte, muss zu Produkten greifen, die speziell ausgelobt sind, oder aber beim Hersteller nachfragen. Vegetarische oder vegane Rezepte sind gekennzeichnet.

Symbole

vegetarisch	glutenfrei
vegan	mit Alkohol

AB AN DIE FRITTEUSE!

Lust aufs Ausprobieren bekommen? Dann machen Sie es sich leicht: Hier sehen Sie auf einen Blick, worauf Sie beim Arbeiten mit der Heißluftfritteuse wirklich achten sollten.

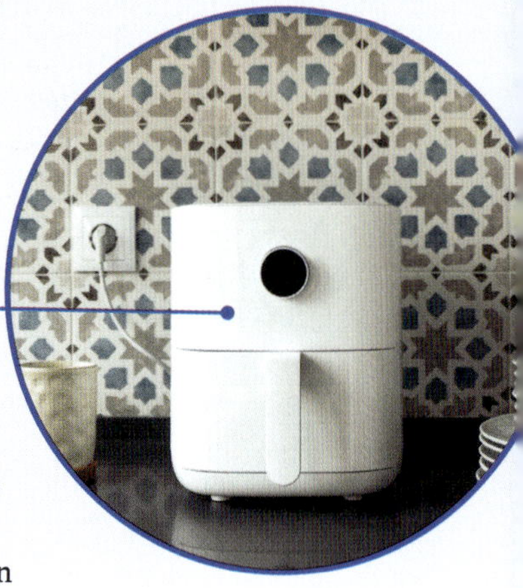

Der richtige Platz

Bevor Sie sich an die Arbeit machen, sollten Sie noch den passenden Platz für Ihr neues Küchenschätzchen finden. Achten Sie darauf, dass Ihre Heißluftfritteuse fest auf einer ebenen Unterfläche steht. Da manche Geräte Hitze abstrahlen und die meisten ihr Abluftgebläse auf der Rückseite haben, sollten sie auf einem unempfindlichen, eventuell sogar isolierten Untergrund und immer mit ausreichend Abstand zur Wand stehen.

Die passende Menge

Befüllen Sie den Frittierkorb nur zu etwa zwei Dritteln. Ist er zu voll, kann die Luft nicht ausreichend zirkulieren und der Inhalt gart ungleichmäßig. (Kuchen-)Teig kann sich manchmal stark ausdehnen, überquellen oder zu nahe in Richtung Heizspirale nach oben aufgehen und verbrennen. Darum sollten Sie die Backform nie voll machen. Empfindliches wie Gebäck oder Paniertes sollten Sie niemals stapeln. Die einzelnen Teile würden aneinander festbacken, zudem werden sie nicht knusprig, wenn die Luft nicht ausreichend dazwischen zirkulieren kann. Darum immer ein wenig Abstand dazwischen lassen und falls nötig portionsweise nacheinander garen.

Das passende Rezept

Heißluftfritteusen sind zwar Umluftöfen, dennoch lassen sich Rezepte für den Backofen nicht eins zu eins auf eine Heißluftfritteuse übertragen. Die verbreitete Faustregel „Backofentemperatur minus 20 °C" gilt nur bedingt, denn Airfryer haben auf kleinem Raum deutlich mehr Power als ein großer Backofen. Darum sind spezielle Rezepte und ein wenig Kontrolle gefragt.

Geräteleistung beachten

Heißluftfritteusen sind je nach Modell und Hersteller unterschiedlich leistungsstark. Je höher die Wattzahl Ihres Geräts ist, desto mehr Power hat es und desto schneller heizt es. Das macht sich vor allem in der Aufheizphase bemerkbar, wo manche Geräte deutlich länger als andere zum Erreichen der gewünschten Temperatur benötigen. Ist diese Vorwärmphase abgeschlossen, gleichen sich die Garzeiten der meisten Geräte glücklicherweise an. Darum ist bei allen Rezepten im vorliegenden Buch die Garzeit nach der Vorheizphase angegeben – in einer Von-Bis-Angabe, die den Unterschieden in der Leistung der Geräte Rechnung trägt.

Kontrolle ist besser

Aufgrund der leicht unterschiedlichen Eigenschaften der verschiedenen Geräte sollten Sie sich nicht blind auf ein Rezept verlassen. Gerade, wenn Sie Ihr Gerät noch nicht so gut kennen und noch wenig Erfahrung mit dem Heißluftfrittieren haben, ist es immer sinnvoll, zwischendurch den Garzustand des Garguts zu kontrollieren – am einfachsten beim Wenden und noch einmal gegen Ende der Garzeit. Länger Garen geht immer, ist das Gericht aber bereits halb verbrannt, lässt sich dies nicht mehr rückgängig machen. Schon nach kurzer Zeit werden Sie so ein Gespür für die Eigenschaften Ihres Geräts entwickeln und sich sicher auch ohne Rezept ans Luftfrittieren wagen.

Bitte wenden

Damit Pommes, Gemüse oder lockeres Frittiergut gleichmäßig garen, sollten die Zutaten – wie in den Rezepten immer angegeben – zwischendurch ein- oder zweimal durchgerührt oder kräftig durchgerüttelt werden. Bei Geräten mit oben angebrachtem Heizelement garen die Zutaten an der Oberfläche meist etwas schneller als an der Unterseite. Kleingebäck, Paniertes wie Schnitzel, Spieße oder Burger sollten daher nach der Hälfte der Garzeit einmal gewendet werden.

Ein bisschen Öl muss sein

Nicht nur für den Geschmack: Ganz ohne Fett bleibt Paniertes blass, Pommes werden nicht knusprig, mageres Fleisch wird trocken. Viel Öl ist nicht nötig! Meist reicht es, das Gargut mit wenig Öl zu mischen, es leicht damit zu bepinseln oder zu besprühen. Zu viel Öl kann das Gargut dagegen schlaff und fettig machen und verhindern, dass es kross wird.

Keine Leichtgewichte in den Korb!

Lose aufgelegte Käse- oder Schinkenscheiben, Popcornmais, dünn gehobelte Gemüsescheiben, Chips oder zarte Blätter wie Grünkohl oder Spinat sind sehr leicht. Sie können bei der starken Luftzirkulation aufgewirbelt und in die Heizspirale gezogen werden und diese beschädigen. Hier bieten manche Hersteller spezielle perforierte Abdeckungen an, die Luft hindurch lassen, aber leichtes Gargut an Ort und Stelle halten. Dasselbe gilt auch für Backpapier oder Alufolie: Beides immer nur gut mit Gargut beschwert in das Gerät geben – also Aufheizen immer ohne!

Das passende Fett

Öl und Fett für die Heißluftfritteuse muss hoch erhitzbar sein. Nehmen Sie also kein natives Öl, das zwar wertvolle Inhaltsstoffe wie Omega-Fettsäuren besitzt, aber hohe Temperaturen nicht aushält. Besser eignet sich ein raffiniertes Raps-, Sonnenblumen-, Soja- oder Erdnussöl. Auch herkömmliches Olivenöl können Sie verwenden. Wenn Sie den Geschmack von Butter bevorzugen, sollten Sie zu Butterschmalz oder Ghee greifen. Normale Butter würde bei hohen Temperaturen verbrennen und spritzen.

SNACKS & VORSPEISEN

Wer sich frittierte Snacks wie Frühlingsrollen, Süßkartoffelpommes oder paniertes Gemüse meist verkneift, weil Aufwand, Fettgeruch in der Küche und ein hoher Fettgehalt abschrecken, kommt mit der Heißluftfritteuse voll auf seine Kosten. Da lohnt sich auch einmal die Zubereitung einer kleinen Menge.

CROSTINI
MIT PILZEN

Zubereitungszeit: 15 Minuten
Garzeit: 3–5 Minuten je Röstvorgang (Brot) plus 5–7 Minuten (Pilze)

ZUTATEN FÜR 8 STÜCK

300 g braune Champignons
2 Zweige Thymian
5 EL Olivenöl
2 TL Aceto balsamico
Salz
gem. Pfeffer
200 g Baguette oder Ciabatta
1 Knoblauchzehe
40 g Parmesan, am Stück
2 EL gehackte Petersilie

Pro Stück
E: 5 g, F: 8 g, Kh: 13 g, kcal: 145

TIPPS: Für eine vegetarische Variante einen Hartkäse verwenden, der ohne tierisches Lab hergestellt wurde, z. B. Montello oder alten Gouda. Ganz ohne Käse oder mit einer veganen Käsealternative zubereitet schmecken die Crostini auch Veganern.

Statt Champignons eignen sich auch Kräuterseitlinge oder – zur Waldpilzsaison – Steinpilze. Beide Pilzsorten sind zwar deutlich teurer als Champignons, sie schmecken dafür aber auch besonders aromatisch.

1. Die Champignons putzen, eventuell kurz abspülen und trocken tupfen, dann in etwa 4 mm dicke Scheiben schneiden. Den Thymian abspülen und trocken tupfen. Die Blättchen abstreifen, fein hacken und mit 2 ½ EL Olivenöl, 1 TL Aceto balsamico sowie etwas Salz und Pfeffer in einer Schüssel verrühren. Die Champignons in die Schüssel geben und alles gründlich mischen.

2. Baguette oder Ciabatta in 8 etwa gleich dicke Scheiben schneiden. Die Brotscheiben beidseitig dünn mit Olivenöl (insgesamt etwa 1 ½ EL) bepinseln.

3. Die Heißluftfritteuse auf 180 °C einstellen, falls nötig vorheizen. Die Brotscheiben in der Fritteuse in 3–5 Minuten knusprig rösten, dabei zwischendurch einmal wenden (falls nötig portionsweise nacheinander rösten). Inzwischen die Knoblauchzehe abziehen und halbieren.

4. Die gerösteten Brotscheiben aus der Heißluftfritteuse nehmen und auf der oberen Seite mit dem Knoblauch einreiben. Die Knoblauchhälften anschließend in Scheiben schneiden und unter die Champignons mischen. Die Champignons in den Frittierkorb geben und darin bei 180 °C in 5–7 Minuten braun braten, zwischendurch ein- oder zweimal durchrühren.

5. Inzwischen übriges Olivenöl (etwa 1 EL) und übrigen Aceto balsamico (etwa 1 TL) in einer Schüssel (es kann die von den Pilzen sein) mischen. Den Parmesan mit einem Sparschäler oder Messer in hauchdünne Streifen hobeln oder schneiden.

6. Die Pilze aus der Heißluftfritteuse zur Ölmischung geben. Die Hälfte der Petersilie dazugeben, alles mischen, abschmecken und auf den gerösteten Brotscheiben verteilen. Mit der übrigen Petersilie bestreuen. Mit Parmesanspänen belegen und sofort servieren.

ZUCCHINIFRIES

MIT ZIEGENKÄSEDIP

Zubereitungszeit: 25 Minuten
Garzeit: 7–10 Minuten je Frittiervorgang

ZUTATEN FÜR 4 PORTIONEN

Für die Zucchinifries:
2 Zucchini (je etwa 250 g)
2 Eier (Größe M)
Salz
gem. Pfeffer
3 EL Weizenmehl (Type 405)
1 TL getrocknete Kräuter der Provence
3 Msp. Chilipulver
75 g ger. Parmesan
75 g Semmelbrösel (Paniermehl)

Für den Ziegenkäsedip:
150 g cremiger Ziegenfrischkäse
150 g saure Sahne
½ Bio-Zitrone
Salz
gem. Pfeffer
2 EL Schnittlauchröllchen

Zusätzlich:
Olivenöl zum Bepinseln oder Besprühen

Pro Portion
E: 20 g, F: 26 g, Kh: 14 g, kcal: 394

1. Für die Zucchinifries die Zucchini abspülen, abtrocknen und die Enden abschneiden. Die Zucchini einmal quer halbieren. Dann die beiden Hälften der Länge nach halbieren, diese Hälften dann jeweils längs vierteln.

2. Drei tiefe Teller nebeneinanderstellen. Die Eier in einem Teller mit einer Gabel verquirlen, leicht salzen und pfeffern. Das Mehl in einen zweiten Teller geben. Die Kräuter der Provence zwischen den Fingern fein zerreiben und mit dem Chilipulver unter das Mehl mischen. Parmesan und Semmelbrösel in einem dritten Teller gründlich vermischen.

3. Den Frittierkorb dünn mit Öl bepinseln oder besprühen. Die Zucchini erst in der Mehlmischung wenden, überschüssiges Mehl abklopfen. Dann in den Eiern wenden, überschüssiges Ei abtropfen lassen. Zuletzt in der Semmelbröselmischung wenden, dabei die Panade leicht andrücken. Die Zucchini dünn mit Öl bestreichen oder besprühen und mit etwas Abstand zueinander in den Frittierkorb legen (falls nötig portionsweise nacheinander verarbeiten).

4. Die Heißluftfritteuse auf 180 °C einstellen, falls nötig vorheizen. Die Zucchinifries in der Fritteuse jeweils in 7–10 Minuten knusprig braun frittieren, dabei zwischendurch einmal wenden.

5. Inzwischen für den Ziegenkäsedip in einem Schälchen Ziegenfrischkäse und saure Sahne verrühren. Die Zitrone heiß abwaschen und abtrocknen, die Schale fein abreiben und den Saft auspressen. Die Schale unter die Ziegenkäsecreme mischen. Mit etwas Salz sowie Pfeffer und 1–2 TL Zitronensaft würzen. Den Schnittlauch unter die Ziegenkäsecreme rühren, dabei ein paar Röllchen zurückbehalten und den Dip damit bestreuen.

6. Die Zucchinifries aus der Heißluftfritteuse nehmen, auf eine Platte geben und mit dem Dip servieren.

SÜSSKARTOFFELPOMMES

MIT VEGANER AIOLI

Zubereitungszeit: 25 Minuten
Garzeit: 12–18 Minuten je Frittiervorgang

ZUTATEN FÜR 4 PORTIONEN

Für die Süßkartoffelpommes:
4 kleine Süßkartoffeln (etwa 1 kg)
5 EL Essig
Salz
3 EL Speisestärke
gem. Pfeffer
Paprikapulver edelsüß

Für die Aioli:
2 Knoblauchzehen
75 ml Mandeldrink natur
1 TL Senf
¼ TL Instant-Gemüsebrühe
1 EL Zitronensaft
etwa 150 ml Speiseöl, z. B. Rapsöl
Salz
gem. Pfeffer
1–2 Msp. Cayennepfeffer

Zusätzlich:
Speiseöl zum Besprühen oder Beträufeln

Pro Portion
E: 4 g, F: 42 g, Kh: 55 g, kcal: 623

1. Für die Süßkartoffelpommes die Süßkartoffeln schälen, abspülen, und abtropfen lassen. Zuerst der Länge nach in etwa 1 cm dicke Scheiben schneiden, diese dann in etwa 1 cm breite Stifte.

2. In einem Topf etwa 2 l Wasser zum Kochen bringen, Essig und etwa 2 TL Salz dazugeben. Die Süßkartoffeln in den Topf geben und bei mittlerer Hitze 5–6 Minuten leicht kochen – sie sollten nicht weich werden, sondern fest bleiben und Biss haben. In ein Sieb abgießen und abtropfen lassen. Dann auf ein sauberes Tuch geben und gründlich trocken tupfen.

3. Die Speisestärke mit 75 ml kaltem Wasser in einer Schüssel verrühren. Die Süßkartoffeln darin wenden, bis sie gleichmäßig mit der Stärkemischung überzogen sind.

4. Die Heißluftfritteuse auf 200 °C einstellen, falls nötig vorheizen. Den Frittierkorb mit etwas Öl bepinseln oder besprühen.

5. Die Süßkartoffelstifte nebeneinander in einer Lage in den Frittierkorb geben und mit Öl besprühen oder dünn beträufeln (falls nötig portionsweise nacheinander verarbeiten). Die Süßkartoffeln in der Heißluftfritteuse 12–18 Minuten frittieren, zwischendurch einige Male durchschütteln und bei Bedarf nochmals mit wenig Öl besprühen oder beträufeln.

6. Inzwischen für die Aioli den Knoblauch abziehen und grob schneiden. Mit Mandeldrink, Senf, Instant-Gemüsebrühe und 2–3 Spritzern Zitronensaft in einem hohen Rührbecher mit einem Stabmixer fein pürieren. Dann das Öl erst tropfenweise dazugeben, dabei immer weiter pürieren und den Stabmixer ständig leicht anheben und senken. Sobald die Flüssigkeit leicht cremig wird, das Öl im dünnen Strahl dazugießen. So viel Öl dazugeben, bis die gewünschte Konsistenz erreicht ist. Die Aioli mit Zitronensaft, Salz, Pfeffer und Cayennepfeffer abschmecken und in ein Schälchen umfüllen.

7. Die Süßkartoffeln in eine Schüssel umfüllen, mit Salz, Pfeffer und Paprikapulver würzen und mit der Aioli zum Dippen servieren.

AUBERGINENPICCATA

MIT ERBSENSALAT

Zubereitungszeit: 30 Minuten
Garzeit: 7–9 Minuten je Frittiervorgang

ZUTATEN FÜR 4 PORTIONEN

Für die Piccata:
1 große Aubergine
Salz
50 g Parmesan, am Stück
etwa 4 EL Weizenmehl (Type 405)
3 Eier (Größe M)
gem. Pfeffer

Für den Salat:
1 Schalotte
200 g Fetakäse (Schafskäse)
80 g TK-Erbsen
200 g Cocktailtomaten, bunt gemischt
3 EL Himbeeressig
1 EL Granatapfelsirup
4 EL Speiseöl, z. B. Rapsöl
Salz
gem. Pfeffer

Zusätzlich:
Speiseöl zum Bepinseln oder Besprühen
1 Handvoll Basilikumblätter zum Garnieren

Pro Portion
E: 21 g, F: 36 g, Kh: 16 g, kcal: 479

1. Für die Piccata die Aubergine abspülen, abtrocknen und den Stängelansatz abschneiden. Die Aubergine quer in etwa 1 cm breite Scheiben schneiden. Die Scheiben auf jeder Seite mit Salz bestreuen und etwa 5 Minuten Wasser ziehen lassen.

2. Den Parmesan fein reiben und in einem tiefen Teller mit 2 EL Mehl und den Eiern verrühren. Das übrige Mehl (etwa 2 EL) auf einen zweiten Teller geben. Die Auberginenscheiben mit Küchenpapier trocken tupfen und mit Pfeffer würzen. Die Auberginenscheiben im Mehl wenden, überschüssiges Mehl abschütteln. Dann sorgfältig in der Parmesanmischung wenden, bis die Auberginenscheiben gut davon eingehüllt sind.

3. Die Heißluftfritteuse auf 180 °C einstellen, falls nötig vorheizen. Den Frittierkorb dünn mit Öl bepinseln oder besprühen. Die Auberginenscheiben nebeneinander in den Frittierkorb legen (falls nötig portionsweise nacheinander verarbeiten). Die Scheiben mit etwas Öl einpinseln oder einsprühen und in der Fritteuse 7–9 Minuten frittieren, dabei einmal wenden.

4. Inzwischen für den Salat die Schalotte abziehen und in feine Würfel schneiden. Den Feta zerbröckeln oder in kleine Würfel schneiden. Die Erbsen in einem Sieb heiß abspülen und abtropfen lassen. Die Tomaten abspülen, abtrocknen und jeweils halbieren.

5. Für die Vinaigrette Essig, Sirup und Öl in einer Schüssel mit einem Schneebesen gründlich verrühren. Die Vinaigrette mit Salz und Pfeffer würzen. Schalottenwürfel, Feta, Erbsen und Tomaten mit der Vinaigrette mischen.

6. Das Basilikum abspülen und trocken tupfen. Den Salat auf Teller verteilen. Die Auberginenpiccata darauf anrichten und alles mit Basilikumblättern bestreuen.

ZWIEBELFRITTERS

MIT JOGHURTDIP

Zubereitungszeit: 25 Minuten
Garzeit: 15–20 Minuten je Frittiervorgang

ZUTATEN FÜR 4 PORTIONEN

500 g Gemüsezwiebeln (2–3 Stück)
Salz
125 g Kichererbsenmehl
2 EL Reismehl
½ TL gem. Kurkuma
1 TL Garam Masala (indische Gewürzmischung)
evtl. ¼ TL Chilipulver
gem. Pfeffer
½ Bund Koriander
1½ EL Speiseöl, z. B. Rapsöl
2 Tomaten
250 g Joghurt (3,5 % Fett)
½ TL gem. Kreuzkümmel (Cumin)

Zusätzlich:
Speiseöl zum Bepinseln oder Besprühen

Pro Portion
E: 10 g, F: 9 g, Kh: 28 g, kcal: 221

1. Die Zwiebeln abziehen, längs halbieren, in 2–4 mm dicke Spalten schneiden und in eine Schüssel geben. ½ TL Salz darüberstreuen und die Zwiebeln mit den Händen sanft, aber gründlich durchkneten. Sie sollten etwas weicher werden, aber nicht brechen oder matschig werden. Die Zwiebeln zugedeckt etwa 10 Minuten stehen und etwas Wasser ziehen lassen.

2. Inzwischen das Kichererbsenmehl in einer beschichteten Pfanne unter gelegentlichem Rühren bei mittlerer Hitze rösten, bis es angenehm nussig zu duften beginnt, es sollte aber nicht bräunen. In eine Schüssel umfüllen und abkühlen lassen. Dann mit Reismehl, Kurkuma, Garam Masala, Chilipulver und Pfeffer mischen.

3. Den Koriander abspülen und trocken tupfen, die Blätter abzupfen und fein schneiden. Die Zwiebeln sollten nun etwas Flüssigkeit abgegeben haben – falls nicht, nochmals leicht durchkneten. 1 EL Koriander für den Dip beiseitestellen. Übrigen Koriander und Öl unter die Zwiebeln mischen und alles nochmals kurz mit den Händen durchmengen. Dann die Mehl-Gewürz-Mischung dazugeben und alles gründlich vermengen. Das Mehl sollte sich gerade eben mit den Zwiebeln zu einem dicklichen Teig verbinden. Ist zu wenig Flüssigkeit vorhanden, esslöffelweise Wasser dazugeben, bis der Teig feucht, aber auf keinen Fall zu nass wird.

4. Die Heißluftfritteuse auf 170 °C einstellen, falls nötig vorheizen. Den Frittierkorb dünn mit Öl bepinseln oder besprühen. Pro Fritter je 1 geh. EL Zwiebelmasse in den Frittierkorb setzen, dabei etwas Abstand dazwischen lassen (falls nötig portionsweise nacheinander verarbeiten). Die Häufchen oben mit den Fingern leicht glatt streichen, damit keine Zwiebelstücke abstehen, die verbrennen könnten. Die Fritters 15–20 Minuten frittieren, dabei nach der Hälfte der Zeit wenden und rundum mit wenig Öl beträufeln.

5. Inzwischen die Tomaten abspülen, abtrocknen, halbieren und die Stängelansätze herausschneiden. Die Tomaten in kleine Würfel schneiden und in ein Schälchen geben. Joghurt und beiseitegestellten Koriander untermischen. Mit Salz, Pfeffer und Kreuzkümmel würzen. Die Zwiebelfritters auf einer Platte anrichten und mit dem Dip servieren.

KARTOFFELRÖLLCHEN

MIT KRÄUTERN

Zubereitungszeit: 40 Minuten
Garzeit: 10–15 Minuten je Frittiervorgang

ZUTATEN FÜR 20 STÜCK

450 g vorwiegend festkochende Kartoffeln
Salz
1 große Zwiebel
1 Knoblauchzehe
1 Bund Schnittlauch
½ Bund Dill
50 g Butter
250 g Schichtkäse (10 % Fett)
⅓ TL gerebelter Majoran
gem. Pfeffer
10 Filo- oder Strudelteigblätter (250 g; je etwa 30 × 31 cm; aus dem Kühlregal)

Pro Stück
E: 3 g, F: 3 g, Kh: 11 g, kcal: 82

TIPP: Filo- und Strudelteig sind sehr empfindlich, trocknen schnell aus und reißen dann noch leichter, daher die Teigblätter eventuell beim Verarbeiten zwischenzeitlich mit einem sauberen Küchentuch abdecken.

1. Die Kartoffeln schälen, abspülen, abtropfen lassen und in kleine Stücke schneiden. In einem Topf knapp mit Wasser bedecken, dann zugedeckt zum Kochen bringen. ½ TL Salz hinzufügen und die Kartoffeln in 10–15 Minuten gar kochen.

2. Inzwischen Zwiebel und Knoblauch abziehen und klein würfeln. Schnittlauch und Dill abspülen und trocken tupfen. Den Schnittlauch in Röllchen schneiden, vom Dill die Spitzen abzupfen und fein schneiden. 1 EL Butter in einer kleinen Pfanne erhitzen, die Zwiebel darin goldgelb dünsten. Gegen Ende den Knoblauch kurz mitdünsten. Schnittlauch und Dill unterrühren, dann die Zwiebelmischung abkühlen lassen.

3. Die Kartoffeln abgießen und auf der ausgeschalteten Kochstelle im Topf kurz abdämpfen. In eine Schüssel geben, mit einem Kartoffelstampfer oder einer Gabel leicht zerdrücken, aber nicht zermusen. Lauwarm abkühlen lassen. Schichtkäse, Zwiebelmischung, Majoran sowie etwas Salz und Pfeffer mit einem Löffel untermischen.

4. Die übrige Butter in einem kleinen Topf schmelzen lassen. 1 Filoteigblatt auf der Arbeitsfläche ausbreiten und dünn mit zerlassener Butter bepinseln, ein zweites Teigblatt darauflegen und andrücken. Die doppelt gelegten Teigblätter mit zwei diagonalen Schnitten in vier Dreiecke schneiden. So den gesamten Teig vorbereiten.

5. Die Teigdreiecke füllen. Dazu je ein Teigdreieck mit der längsten Seite nach unten auf die Arbeitsfläche legen. 1 geh. EL Füllung als Streifen unten auf dem Teigdreieck verteilen, dabei unten 1–2 cm sowie links und rechts gut 5 cm Rand frei lassen. Die beiden unteren Teigecken nach innen über die Füllung klappen, sodass der untere Teigrand weiterhin eine gerade Linie bildet. Dann den Teig von unten nach oben aufrollen. Die obere Spitze innen dünn mit Butter bepinseln und andrücken. Auf diese Weise alle Zutaten verarbeiten.

6. Die Teigröllchen rundum mit flüssiger Butter bepinseln. Die Heißluftfritteuse auf 180 °C einstellen, falls nötig vorheizen. Die Röllchen mit etwas Abstand zueinander in den Frittierkorb legen (falls nötig portionsweise nacheinander verarbeiten). In der Fritteuse in 10–15 Minuten goldbraun und knusprig frittieren. Herausnehmen, lauwarm abkühlen lassen und servieren.

KNUSPERTOPPINGS

FEINE, KLEINE EXTRAS

Ein knuspriges Topping peppt Salate, Suppen oder andere herzhafte Gerichte am Schluss im Nu optisch auf und sorgt mit Biss und Würze für einen schönen Kontrast. Mit der Heißluftfritteuse lassen sich diese leckeren Extras super unkompliziert und ganz nebenbei zubereiten – mehr als den Frittierkorb ab und zu mal durchschütteln ist kaum zu tun. Die würzigen Knuspereien taugen auch wunderbar als kleiner Snack für einen Fernsehabend, die Cashews machen sich zudem gut in einer Brotdose als Pausenextra.

RÖSTZWIEBELN

Für 4 Portionen **400 g Zwiebeln** abziehen und in etwa 3 mm dicke Scheiben schneiden, diese in Ringe teilen. Die Zwiebeln mit **2 TL Speiseöl** mischen. Die Heißluftfritteuse auf 170 °C einstellen, falls nötig vorheizen. Die Zwiebeln in den Frittierkorb geben und etwa 10 Minuten garen, dabei zwei- bis dreimal durchmischen, sie sollten am Ende etwas trockener, aber nicht gebräunt sein. Inzwischen **50 g Speisestärke, 1 gestr. TL Salz, 1 TL Paprikapulver edelsüß** und **¼ TL Cayennepfeffer** in einer Schüssel mischen. Die Zwiebeln mit der Mischung vermengen, bis sie gut umhüllt sind. Mit **1 TL Speiseöl** besprühen oder beträufeln, noch einmal vermengen. Zurück in die Fritteuse geben und in etwa 10 Minuten goldgelb frittieren, dabei mehrmals durchmengen und darauf achten, dass die Zwiebeln nicht verbrennen. Herausnehmen und erkalten lassen. (Pro Portion: E: 1 g, F: 4 g, Kh: 15 g, kcal: 101)

WÜRZCASHEWS

Für 4 Portionen in einer Schüssel **1 EL Speiseöl, 1 TL Ahornsirup, 1/4 TL Salz, 1/4 TL Paprikapulver edelsüß, 1/4 TL Paprikapulver rosenscharf** und eventuell **1 Msp. Cayennepfeffer** verrühren. **100 g Cashewkerne** dazugeben und alles gut vermengen. Die Heißluftfritteuse auf 175 °C einstellen, falls nötig vorheizen. Die Cashews in den Frittierkorb geben und in etwa 5 Minuten goldgelb und glänzend frittieren, dabei ein- bis zweimal durchrühren und darauf achten, dass sie nicht verbrennen. Herausnehmen und erkalten lassen. (Pro Portion: E: 2 g, F: 13 g, Kh: 9 g, kcal: 168)

KARTOFFEL-CROÛTONS

Für 4 Portionen **400 g vorwiegend festkochende Kartoffeln** schälen, abspülen und in gleichmäßige Würfel mit etwa 1–1 1/2 cm Kantenlänge schneiden. Die Würfel in eine Schüssel mit kaltem Wasser legen und etwa 10 Minuten ruhen lassen. In ein Sieb abgießen, abtropfen lassen, auf ein sauberes Küchentuch geben und gut trocken tupfen. In einer Schüssel mit **1 EL Olivenöl, 1 TL getrocknetem Rosmarin** und **1 TL abger. Bio-Zitronenschale** vermengen. Die Heißluftfritteuse auf 170 °C einstellen, falls nötig vorheizen. Die Kartoffeln in den Frittierkorb geben und in 15–20 Minuten goldgelb und knusprig frittieren, dabei mehrmals durchschütteln. Herausnehmen, mit **Salz** würzen und am besten sofort verwenden, z. B. auf einen Salat streuen. (Pro Portion: E: 2 g, F: 3 g, Kh: 15 g, kcal: 95)

BLÄTTERTEIGTASCHEN
Burger Style

Zubereitungszeit: 30 Minuten
Garzeit: 10–12 Minuten je Frittiervorgang

ZUTATEN FÜR 8 STÜCK
1 Zwiebel
10 g Butter
250 g Rinderhackfleisch
Salz
gem. Pfeffer
½ TL gerebelter Oregano
3 EL Tomatenketchup
2 EL gehackte Petersilie
2 Essiggurken
1 Tomate
80 g ger. Cheddar oder Gouda
1 Pck. Blätterteig (etwa 270 g; aus dem Kühlregal)
1 Ei (Größe M)
2 EL Milch (3,5 % Fett)

Zusätzlich:
Backpapier

Pro Stück
E: 12 g, F: 16 g, Kh: 14 g, kcal: 252

Tipp: Reichen Sie zu den Teigtaschen Blatt- oder Wildkräutersalat (für 4 Portionen etwa 160–200 g Salate rechnen). Für eine Vinaigrette 2–3 EL Balsamico bianco mit ¼ TL Salz, je 1 Prise gem. Pfeffer und Zucker verrühren, dann 5–6 EL Rapsöl unterschlagen. Sie können alle Zutaten für die Vinaigrette auch in ein Schraubdeckelglas füllen, dieses verschließen und kräftig schütteln.

1. Die Zwiebel abziehen und fein würfeln. Die Butter in einer großen Pfanne zerlassen und die Zwiebel darin andünsten. Das Hackfleisch hinzufügen und bei großer Hitze unter Rühren krümelig anbraten, dabei größere Fleischklümpchen mit einer Gabel oder einem Rührlöffel zerdrücken. Die Fleischmasse in eine Schüssel umfüllen, mit Salz, Pfeffer, Oregano, Ketchup und Petersilie würzen und etwas abkühlen lassen.

2. Inzwischen die Essiggurken fein würfeln. Die Tomate abspülen, abtrocknen und den Stängelansatz herausschneiden. Die Tomate längs halbieren, die Kerne mit einem Löffel entfernen, das Fruchtfleisch klein würfeln. Essiggurken, Tomatenwürfel und Cheddar oder Gouda unter die leicht abgekühlte Fleischmasse mischen.

3. Den Blätterteig auf der Arbeitsfläche ausbreiten und längs halbieren, dann in acht etwa gleich große quadratische Stücke schneiden. Jedes Blätterteigquadrat in der oberen Hälfte mittig mit drei kurzen Schnitten versehen. Das Ei trennen. Den Rand der Blätterteigquadrate rundum mit Eiweiß einpinseln.

4. Nach und nach acht Teigtäschchen zubereiten. Dafür auf jedes Teigquadrat je 2 EL Hackfleischmasse mittig quer auf die nicht eingeschnittene Hälfte geben. Die obere Teighälfte mit den Einschnitten über die Füllung klappen. Die Teigränder mit einer Gabel gut zusammendrücken. Eigelb und Milch verquirlen, die Teigtäschchen damit bepinseln.

5. Die Heißluftfritteuse auf 180 °C einstellen, falls nötig vorheizen. Ein Stück Backpapier in der Größe des Frittierkorbs zuschneiden und in den Korb legen. Die Teigtaschen mit etwas Abstand zueinander nebeneinander in den Korb legen (falls nötig portionsweise nacheinander verarbeiten).

6. Die Blätterteigtaschen in der Fritteuse in 10–12 Minuten goldbraun frittieren, dabei nach der Hälfte der Zeit den Garzustand der Taschen kontrollieren und das Backpapier entfernen. Die Taschen herausnehmen und noch heiß oder lauwarm abgekühlt servieren.

FRÜHLINGSROLLEN

MIT GEMÜSEFÜLLUNG

Zubereitungszeit: 45 Minuten
Garzeit: 10–15 Minuten je Frittiervorgang

ZUTATEN FÜR 12 STÜCK

1 kleine Stange Lauch (etwa 150 g)
150 g Möhren
1 kleiner Pak Choi (etwa 130 g)
100 g Mungobohnensprossen
1 Knoblauchzehe
1 Stück Ingwer (15 g)
2 EL Speiseöl, z. B. Sojaöl
½ TL gem. Kreuzkümmel (Cumin)
Salz
gem. Pfeffer
12 TK-Teigblätter für Frühlingsrollen (etwa 18 × 18 cm; aus dem Asia-Laden), aufgetaut

Zusätzlich
Speiseöl zum Bepinseln oder Besprühen
Sojasauce, Sweet-Chili-Sauce oder Erdnusssauce zum Dippen

Pro Stück
E: 1 g, F: 5 g, Kh: 6 g, kcal: 75

1. Den Lauch putzen, längs halbieren, gründlich abspülen und abtropfen lassen. Die Möhren putzen, schälen, abspülen und abtropfen lassen. Den Pak Choi putzen, abspülen und abtropfen lassen. Die Sprossen abspülen und abtropfen lassen. Lauch und Möhren klein würfeln, Pak Choi und Sprossen grob hacken.

2. Den Knoblauch abziehen, den Ingwer schälen, beides fein hacken. Das Öl in einer Pfanne erhitzen, Knoblauch und Ingwer darin unter Rühren leicht anbraten. Lauch, Möhren, Pak Choi und Sprossen dazugeben und alles bei mittlerer Hitze etwa 5 Minuten unter Rühren braten. Das Gemüse mit Kreuzkümmel, Salz und Pfeffer würzen und abkühlen lassen.

3. Die Teigblätter nacheinander füllen. Dafür je 1 Teigblatt auf die Arbeitsfläche legen. Etwa 2 geh. EL Gemüsemischung auf einer Hälfte als Streifen daraufgeben. Das Teigblatt seitlich (an den Enden des Füllungsstreifens) einklappen. Das Teigblatt von der mit Füllung belegten Hälfte aus aufwickeln, dabei die Verschlussstelle mit etwas Wasser befeuchten und gut andrücken.

4. Die Heißluftfritteuse auf 200 °C einstellen, falls nötig vorheizen. Die Frühlingsrollen rundum dünn mit Öl einpinseln oder einsprühen und nebeneinander in den Korb legen (falls nötig portionsweise nacheinander verarbeiten). Die Frühlingsrollen in der Fritteuse in etwa 10–15 Minuten goldgelb frittieren, dabei eventuell nach der Hälfte der Zeit wenden.

5. Fertige Frühlingsrollen sofort mit Sojasauce, Sweet-Chili-Sauce oder Erdnusssauce zum Dippen servieren.

TIPPS: Falls nicht alle Frühlingsrollen auf einmal in Ihre Fritteuse passen, alle fertigen Frühlingsrollen kurz vor dem Servieren noch einmal zusammen 1–2 Minuten in der Fritteuse erhitzen.

Für Nicht-Vegetarier können Sie zusätzlich 100 g klein gehackte Garnelen unter die Füllung mischen.

GEBACKENER CAMEMBERT

MIT PREISELBEEREN

Zubereitungszeit: 15 Minuten
Garzeit: 12–16 Minuten je Frittiervorgang

ZUTATEN FÜR 4 PORTIONEN

2 Eier (Größe M)
gem. Pfeffer
Paprikapulver edelsüß
100–120 g Semmelbrösel (Paniermehl)
evtl. 4 EL Sesamsamen
4 runde Camemberts (je etwa 125 g)
etwa 4 TL Speiseöl, z. B. Rapsöl
Wild-Preiselbeeren zum Servieren
Salat- oder Babyspinatblätter zum Garnieren, abgespült und trocken getupft

Zusätzlich:
Speiseöl zum Bepinseln oder Besprühen

Pro Portion
E: 32 g, F: 36 g, Kh: 19 g, kcal: 536

1. Die Eier in einem tiefen Teller mit etwas Pfeffer und Paprikapulver verquirlen. Die Semmelbrösel auf einen zweiten Teller geben, nach Belieben Sesam untermengen.

2. Die Camemberts erst im verquirlten Ei, dann in den Semmelbröseln wenden. Die Brösel vorsichtig andrücken. Den Vorgang gegebenenfalls wiederholen, bis die Käse einschließlich der Ränder komplett von Semmelbröseln umhüllt sind – das ist wichtig, damit sie beim Erhitzen nicht auslaufen.

3. Die Heißluftfritteuse auf 180 °C einstellen, falls nötig vorheizen. Den Frittierkorb dünn mit Öl bepinseln oder besprühen.

4. Die Camemberts auf der Oberfläche mit je etwa 1 TL Öl beträufeln und nebeneinander in den Frittierkorb legen (falls nötig portionsweise nacheinander verarbeiten). Die Camemberts in der Fritteuse in 12–16 Minuten goldbraun frittieren, dabei zwischendurch einmal wenden.

5. Fertige Camemberts warm stellen oder zum Schluss alle Camemberts nochmals 2 Minuten zusammen erhitzen. Die Käse mit den Preiselbeeren und Salat- oder Spinatblättern anrichten.

BEILAGENTIPP: Dazu passen Toastbrot oder Bauernbrot und ein Salat nach Belieben.

VARIANTE: Auf die gleiche Weise können Sie **Gebackenen Feta** zubereiten. Dafür 4 rechteckige Stücke Fetakäse (Schafskäse; je etwa 125 g) wie im Rezept oben beschrieben panieren. Achten Sie darauf, dass Sie dafür einen eher festen Fetakäse verwenden, damit sich die Stücke gut panieren lassen und nicht dabei zerbröckeln. Damit Ei und Semmelbrösel gut haften bleiben, den Käse zuvor eventuell noch in Mehl wenden (überschüssiges Mehl abklopfen). Gut schmeckt dazu ein gemischter Salat mit Gurken- und Tomatenstücken sowie Oliven.

BUNTE TORTILLA

MIT CHORIZO

Zubereitungszeit: 20 Minuten
Garzeit: 35–40 Minuten

ZUTATEN FÜR 4 PORTIONEN

600 g festkochende Kartoffeln
2 EL Olivenöl
Salz
gem. Pfeffer
1 große Zwiebel
1 große rote Spitzpaprikaschote
100 g TK-Erbsen
6 Eier (Größe M)
½ TL Paprikapulver edelsüß
5 Zweige Thymian
150 g Chorizo (span. Paprikawurst), am Stück

Zusätzlich:
Back- oder Auflaufform, die in den Frittierkorb passt (etwa 20 × 20 cm)
Olivenöl für die Form

Pro Portion
E: 21 g, F: 24 g, Kh: 26 g, kcal: 416

SERVIERTIPP: Die Tortilla macht sich, in mundgerechte Würfel geschnitten, sehr gut als Fingerfood auf einem Büfett; dann am besten jeweils ein Holzspießchen hineinstecken. In größere Stücke geschnitten und mit einem frischen Salat als Beilage serviert, wird ein sättigender Imbiss daraus.

1. Die Kartoffeln schälen, abspülen, abtropfen lassen und in 4–5 mm dicke Scheiben schneiden. Die Kartoffelscheiben in einer Schüssel mit 1½ EL Olivenöl sowie etwas Salz und Pfeffer mischen, dann in den Frittierkorb geben (die Schüssel für später stehen lassen). Die Heißluftfritteuse auf 180 °C einstellen, falls nötig vorheizen. Die Kartoffeln in der Fritteuse etwa 10 Minuten garen, dabei zwischendurch einmal durchmischen.

2. Inzwischen die Zwiebel abziehen und grob würfeln. Die Paprikaschote halbieren, entstielen, entkernen und die weißen Scheidewände entfernen. Die Schote abspülen, abtropfen lassen und in etwa 2 cm große Stücke schneiden. Zwiebel und Paprika in die (Kartoffel-)Schüssel geben und mit dem restlichen Öl (½ EL) mischen. Zu den Kartoffeln in den Frittierkorb geben und alles gründlich vermengen. Alles weitere 10 Minuten garen, bis Zwiebeln und Kartoffeln leicht gebräunt sind.

3. Inzwischen die Erbsen in einer Tasse mit kochend heißem Wasser übergießen. Etwa 5 Minuten stehen lassen, in ein Sieb abgießen und abtropfen lassen. Die Eier in einer Schüssel mit einem Schneebesen verquirlen, mit Salz, Pfeffer und Paprikapulver würzen. Den Thymian abspülen und trocken tupfen, die Blättchen abstreifen und hacken. Die Chorizo in kleine Würfel oder Scheiben schneiden.

4. Kartoffelmischung, Erbsen, Thymian und Chorizo in einer Schüssel vermengen. Die Form mit Öl einpinseln und die Gemüsemischung hineingeben. Dabei alles so einschichten, dass eine möglichst glatte Oberfläche entsteht. Dafür eventuell einige Kartoffelscheiben herausfischen und obenauf legen. Die Eier darübergießen.

5. Die Heißluftfritteuse auf 150 °C einstellen (Vorheizen nicht nötig) und die Masse 15–20 Minuten garen, bis das Ei gestockt und die Tortillaoberfläche schön gebräunt ist.

6. Die Form aus der Fritteuse nehmen und die Tortilla etwa 5 Minuten darin abkühlen lassen. Dann auf einen Teller stürzen und mithilfe eines zweiten Tellers wenden. Lauwarm oder abgekühlt in mundgerechte Würfel schneiden und servieren.

POPCORNHÄHNCHEN

MIT BUTTERMILCHMARINADE

Zubereitungszeit: 30 Minuten
Marinierzeit: 60–120 Minuten
Garzeit: 15–20 Minuten je Frittiervorgang

ZUTATEN FÜR 4 PORTIONEN

500 g Hähnchenbrustfilet
300 g Buttermilch
1 Knoblauchzehe
1 TL mittelscharfer Senf
1½ TL gerebelter Oregano
1 TL gerebelter Thymian
2 TL Paprikapulver edelsüß
1 TL Selleriesalz
gem. Pfeffer
Salz
180 g Weizenmehl (Type 405)
3 geh. EL Speisestärke
1 gestr. TL Backpulver
1 Ei (Größe M)

Zusätzlich:
Speiseöl zum Bepinseln oder Besprühen

Pro Portion
E: 40 g, F: 4 g, Kh: 45 g, kcal: 339

1. Das Hähnchenfleisch mit Küchenpapier abtupfen und in etwa 2 cm große Stücke schneiden. Die Buttermilch in eine Schüssel geben. Den Knoblauch abziehen und durch eine Knoblauchpresse zur Buttermilch drücken. Den Senf dazugeben.

2. Oregano und Thymian zwischen den Fingern fein zerreiben und in ein Schälchen geben. Paprikapulver, Selleriesalz und knapp 1 TL Pfeffer dazugeben und alles gründlich vermischen. Die Hälfte der Gewürzmischung unter die Buttermilch rühren, die übrige Gewürzmischung beiseitestellen. Die Buttermilchmarinade kräftig mit Salz würzen, das Hähnchenfleisch untermischen und zugedeckt 1–2 Stunden im Kühlschrank ziehen lassen.

3. Mehl, Stärke, Backpulver und übrige Gewürzmischung in einem tiefen Teller mischen. Das Fleisch in ein Sieb abgießen und abtropfen lassen, dabei die Marinade in einer Schüssel auffangen. Das Ei mit der Marinade verquirlen.

4. Das Hähnchenfleisch in der Mehlmischung wenden, dabei überschüssiges Mehl abschütteln. Dann die Fleischstücke nacheinander einzeln in die Marinade tauchen und nochmals in Mehl wenden, sodass sie rundum damit überzogen sind.

5. Den Frittierkorb dünn mit Öl bepinseln oder besprühen. Die Heißluftfritteuse auf 180 °C einstellen, falls nötig vorheizen. Die Hähnchenstücke nebeneinander in den Frittierkorb legen und dünn mit Öl besprühen oder bepinseln (falls nötig portionsweise nacheinander verarbeiten). Die Hähnchenstücke in 15–20 Minuten knusprig braun frittieren, dabei zwischendurch einmal wenden.

BEILAGENTIPP: Zu den Hähnchenstücken passt ein erfrischender **Ranch-Dip.** Dazu je 4 EL Mayonnaise und griechischen Joghurt (10 % Fett) mit 5–6 EL Buttermilch glatt verrühren. 1 Schalotte abziehen, fein würfeln und mit 2 EL Schnittlauchröllchen und je 1 EL gehackter Petersilie und Dill unterrühren. Mit Salz, Pfeffer und 2–3 Spritzern Zitronensaft würzen.

RAHMFLADEN

MIT SAUERTEIG

Zubereitungszeit: 25 Minuten
Teiggehzeit: 75 Minuten
Garzeit: 8–10 Minuten je Backvorgang

ZUTATEN FÜR 4 STÜCK

Für den Teig:
150 g Weizenmehl (Type 1050)
150 g Roggenmehl (Type 1150)
½ Würfel frische Hefe (21 g)
1 gestr. TL Zucker
8 g getrockneter Roggensauerteig (aus dem Päckchen)
1 EL Olivenöl
½ TL Salz
1 TL gem. Brotgewürz

Für den Belag:
200 g saure Sahne
Salz
gem. Pfeffer
½ TL Knoblauchgranulat
½ Bund Frühlingszwiebeln
2 EL abgetropfte getrocknete Tomatenstreifen, in Öl
20 g Pinienkerne
80 g Schinken, in Würfeln

Zusätzlich:
Backpapier
Mehl zum Bearbeiten

Pro Stück
E: 17 g, F: 24 g, Kh: 51 g, kcal: 509

1. Für den Teig beide Mehlsorten in einer Rührschüssel mischen und in die Mitte eine Vertiefung eindrücken. Die Hefe hineinbröckeln, mit dem Zucker sowie 50 ml lauwarmem Wasser verrühren und etwa 15 Minuten stehen lassen.

2. Weitere 150 ml lauwarmes Wasser, Sauerteig, Olivenöl, Salz und Brotgewürz hinzufügen und mit einem Mixer (Knethaken) zunächst kurz auf niedrigster, dann auf höchster Stufe in etwa 5 Minuten zu einem glatten Teig verarbeiten. Den Teig zugedeckt so lange an einem warmen Ort gehen lassen, bis er sich sichtbar vergrößert hat, etwa 50 Minuten. In der Zwischenzeit vier Backpapierstücke in der Größe des Frittierkorbs zuschneiden.

3. Den Teig auf einer bemehlten Arbeitsfläche in vier gleich große Portionen teilen. Jedes Teigstück mit den Händen zu einem ovalen, etwa ½ cm dicken Fladen formen, diesen auf ein Backpapierstück legen. Die Fladen zugedeckt an einem warmen Ort etwa 10 Minuten gehen lassen.

4. Inzwischen für den Belag die saure Sahne mit etwas Salz, Pfeffer und Knoblauchgranulat abschmecken. Die Frühlingszwiebeln putzen, abspülen, abtropfen lassen und in etwa ½ cm dicke Scheiben schneiden. Die Tomaten klein schneiden.

5. Einen Brotfladen mit etwa einem Viertel der sauren Sahne bestreichen, dabei einen kleinen Rand frei lassen. Den Fladen nach Belieben mit getrockneten Tomaten, Pinienkernen, Schinkenwürfeln und Frühlingszwiebeln bestreuen.

6. Die Heißluftfritteuse auf 180 °C einstellen, falls nötig vorheizen. Einen Fladen mit Backpapier in den Korb der Fritteuse heben und 8–10 Minuten backen. Mit dem Backpapier herausnehmen und am besten sofort servieren. Die übrigen Fladen nacheinander auf die gleiche Weise belegen und backen.

TIPP: Die Fladen schmecken auch gut mit Zwiebelringen, in Scheiben geschnittenem Knoblauch und frischen Kräutern (z. B. Schnittlauchröllchen und gehackter Petersilie) als Belag. Geben Sie frische Kräuter erst nach dem Backen darauf, da sie sonst verbrennen.

PIZZASCHIFFCHEN

mit Salami

Zubereitungszeit: 60 Minuten
Teiggehzeit: 60–90 Minuten
Backzeit: 10–15 Minuten je Backvorgang

ZUTATEN FÜR 16 STÜCK

Für den Hefeteig:
450 g Pizzamehl
(ersatzweise Weizenmehl Type 550)
Salz
½ TL Trockenbackhefe
1 TL Zucker

Für die Füllung:
100 g Salami, in nicht zu dünnen Scheiben
10 abgetropfte schwarze Oliven, ohne Stein
2 Frühlingszwiebeln
100 g Tomatensauce (Fertigprodukt, aus dem Glas, oder s. S. 93, Frittierte Ravioli)
120 g ger. Mozzarella oder Pizzakäse

Zusätzlich:
Pizzamehl zum Bearbeiten
Backpapier

Pro Stück
E: 6 g, F: 5 g, Kh: 21 g, kcal: 148

1. Für den Teig das Mehl in einer Rührschüssel mit 1 gestr. TL Salz und der Trockenbackhefe sorgfältig mischen. Den Zucker in 250 ml lauwarmem Wasser auflösen. Das Wasser zum Mehl geben und alles mit einem Mixer (Knethaken) zunächst kurz auf niedrigster, dann auf höchster Stufe in etwa 10 Minuten zu einem glatten, geschmeidigen Teig verarbeiten. Den Teig auf der leicht mit Mehl bestäubten Arbeitsfläche kurz von Hand durchkneten, zur Kugel formen und in eine Schüssel geben. Zugedeckt an einem warmen Ort gehen lassen, bis er sich sichtbar vergrößert hat, 60–90 Minuten.

2. Für die Füllung die Salamischeiben halbieren, die Hälften quer in schmale Streifen schneiden. Die Oliven in Ringe schneiden oder fein hacken. Die Frühlingszwiebeln putzen, abspülen, abtropfen lassen und fein schneiden. Salami, Oliven, Frühlingszwiebeln, Tomatensauce und Mozzarella oder Pizzakäse verrühren.

3. Den Teig auf der leicht bemehlen Arbeitsfläche kurz durchkneten und zu einer Kugel formen. Die Kugel vierteln, jedes Viertel in vier gleich große Stücke schneiden, sodass insgesamt 16 Teigportionen entstehen. Die Teigstücke zu kleinen Kugeln formen und mit einem sauberen Küchentuch abdecken.

4. Teigkugeln und Füllung nacheinander zu 16 „Schiffchen" verarbeiten. Dazu je eine Teigkugel auf der leicht bemehlten Arbeitsfläche zu einem dünnen, leicht ovalen Fladen (etwa 10 × 18 cm) ausrollen. 1 geh. TL Füllung längs in die Mitte geben. Die Längsseiten des Fladens anheben, über der Füllung zusammenfassen und in einer Längslinie gut zusammendrücken, sodass ein Schiffchen mit einer Naht oben entsteht. Die Teignaht dabei gut zusammendrücken. Fertige Schiffchen auf Backpapier legen.

5. Die Heißluftfritteuse auf 200 °C einstellen, falls nötig vorheizen. Backpapier in Größe des Frittierkorbs zuschneiden und in den Frittierkorb legen. Die Schiffchen mit Abstand zueinander in den Korb legen (falls nötig portionsweise nacheinander verarbeiten) und in 10–15 Minuten knusprig braun backen, dabei nach der Hälfte der Zeit wenden und das Backpapier entfernen.

6. Fertige Täschchen auf einen Kuchenrost legen, bis alle Pizzaschiffchen gebacken sind. Lauwarm servieren.

FLEISCH & FISCH

Herzhafte Hauptmahlzeiten, die rundum satt und zufrieden machen, – auch das kann die Heißluftfritteuse! Egal ob in knuspriger Hülle, würzig mariniert oder deftig gefüllt: Ideal sind kleinteilige Fleisch- und Fischstücke, da sie sich gut im Frittierkorb verteilen und je nach Größe der Fritteuse bei Bedarf auch portionsweise garen lassen.

CHICKENWINGS

MIT HONIGGLASUR

Zubereitungszeit: 30 Minuten
Garzeit: 15–20 Minuten je Frittiervorgang

ZUTATEN FÜR 4 PORTIONEN

Für die Chickenwings:
1 kg Hähnchenflügel
2 EL Speiseöl, z. B. Rapsöl
1 TL Paprikapulver edelsüß
evtl. 3 Msp. Chilipulver
Salz
gem. Pfeffer
2 TL Backpulver

Für die Sauce:
1 Knoblauchzehe
100 ml Hühnerbrühe
100 ml Sojasauce
150 ml Ananassaft
2 TL Honig
2 EL Tomatenketchup

Zusätzlich:
evtl. 2 EL fein geschnittene Korianderblätter zum Bestreuen

Pro Portion
E: 23 g, F: 25 g, Kh: 10 g, kcal: 359

1. Für die Chickenwings die Hähnchenflügel mit Küchenpapier abtupfen, dann in je zwei Stücke teilen. Dazu jeden Flügel mit einem großen Messer mit stabiler Klinge direkt am Gelenk rundum bis auf den Knochen einschneiden. An dieser Stelle die Knochen durchbrechen, sodass sie sich am Gelenk voneinander lösen, dann den Flügel noch vollständig mit dem Messer durchschneiden. Falls nötig, die Flügelspitzen wegschneiden – sie würden in der Heißluftfritteuse verbrennen.

2. Das Öl mit Paprikapulver, Chilipulver, ¼ TL Salz und etwas Pfeffer in einer Schüssel verrühren. Die Hähnchenstücke hineingeben und mit Backpulver bestreuen. Alles gründlich mischen. Die Hähnchenstücke mit etwas Abstand zueinander in den Frittierkorb legen (falls nötig portionsweise nacheinander verarbeiten).

3. Die Heißluftfritteuse auf 200 °C einstellen, falls nötig vorheizen. Die Flügel in der Fritteuse in 15–20 Minuten garen, dabei nach der Hälfte der Zeit wenden.

4. Inzwischen für die Sauce die Knoblauchzehe abziehen und durch eine Presse in einen kleinen Topf drücken. Brühe, Sojasauce, 100 ml Ananassaft, Honig und Ketchup dazugeben. Alles unter Rühren zum Kochen bringen, dann bei mittlerer Hitze in 4–5 Minuten um gut die Hälfte einkochen. Gegen Ende den übrigen Ananassaft (50 ml) dazugeben und alles 2–3 Minuten weiterköcheln.

5. Die Hähnchenflügel aus der Fritteuse nehmen und in eine Schüssel geben. Sofort mit der Sauce übergießen und alles gut durchmischen, bis die Hähnchenteile rundum mit Glasur überzogen sind. Auf eine Platte geben, nach Belieben mit Koriander bestreuen und sofort servieren.

TIPPS: Die Hähnchenflügel schmecken auch ohne Sauce, dann haben sie dank des Backpulvers eine besonders knusprig-krosse Haut. Wer sie so genießen möchte, darf ruhig etwas stärker salzen.

Dazu passt ein frischer Blattsalat ebenso wie ein Rotkohlsalat (s. S. 72, Garnelentacos).

HÄHNCHENSPIESSE
MIT MANGO-GURKEN-SALAT

Zubereitungszeit: 25 Minuten
Marinierzeit: mind. 3 Stunden
Garzeit: 10 Minuten je Frittiervorgang

ZUTATEN FÜR 4 PORTIONEN

Für Spieße und Dip:
600 g Hähnchenbrustfilet
250 ml Kokosmilch
3 TL thailändische rote Currypaste
1 TL Currypulver mild
3 TL Rohrohrzucker
4 EL Limettensaft
60 g Erdnussmus fein
1 EL Sojasauce
Salz

Für den Salat:
1 reife Mango
1 Salatgurke
1 Limette
2 EL Weißweinessig
½ TL Rohrohrzucker
Salz
2 Msp. Chiliflocken
2 Stängel Basilikum

Zusätzlich:
8 Holz- oder Metallspieße, die in die Heißluftfritteuse passen
1 EL Speiseöl zum Bepinseln

Pro Portion
E: 44 g, F: 26 g, Kh: 19 g, kcal: 495

1. Für die Hähnchenspieße das Fleisch mit Küchenpapier abtupfen und in 4 cm große Stücke schneiden. 2 EL Kokosmilch mit 1½ TL Currypaste, Currypulver, 1 TL Rohrohrzucker und 2 EL Limettensaft in einer verschließbaren Schüssel gründlich verrühren. Das Hähnchenfleisch darin wenden. Die Schüssel verschließen und das Fleisch mindestens 3 Stunden (oder über Nacht) im Kühlschrank marinieren.

2. Für den Erdnussdip die übrige Kokosmilch mit 75 ml Wasser, übriger Currypaste (1½ TL), übrigem Zucker (2 TL) und Erdnussmus in einem kleinen Topf verrühren. Bei kleiner Hitze unter Rühren in 4–5 Minuten sämig einkochen. Die Sojasauce unterrühren. Die Sauce mit Salz und 1–2 EL Limettensaft abschmecken, abkühlen lassen und zum Dippen in Portionsschälchen füllen.

3. Für den Salat die Mango schälen, das Fruchtfleisch vom Stein schneiden und in etwa 1 cm große Würfel schneiden. Die Gurke abspülen und abtropfen lassen, die Enden abschneiden. Die Gurke nach Belieben schälen, dann der Länge nach vierteln und die Viertel in etwa 1 cm große Würfel schneiden.

4. Die Limette halbieren, den Saft auspressen und in eine Schüssel geben. Essig und Zucker dazugeben und alles gründlich verrühren. Das Dressing mit Salz und Chiliflocken würzen. Mango- und Gurkenwürfel damit mischen und den Salat kurz ziehen lassen. Das Basilikum abspülen und trocken tupfen, die Blätter abzupfen und in Streifen schneiden.

5. Das Hähnchenfleisch auf die Spieße stecken. Die Heißluftfritteuse samt Frittierkorb auf 180 °C vorheizen. Die Spieße mit etwas Abstand zueinander in den heißen Frittierkorb legen und etwa 5 Minuten garen (falls nötig portionsweise nacheinander verarbeiten). Dann die Spieße wenden, dabei mit dem Öl bepinseln, und in etwa 5 Minuten fertig garen.

6. Das Basilikum unter den Salat heben. Die Hähnchenspieße aus der Fritteuse nehmen und mit dem Salat auf Tellern anrichten. Den Erdnussdip dazu servieren.

ZITRONENHÄHNCHEN

MIT ROSMARINKARTOFFELN

Zubereitungszeit: 20 Minuten
Garzeit: 20–30 Minuten

ZUTATEN FÜR 4 PORTIONEN

Für die Rosmarinkartoffeln:
1 kg kleine, neue festkochende Kartoffeln (Drillinge)
2 Knoblauchzehen
3 EL Olivenöl
¾ TL gerebelter Oregano
Salz
gem. Pfeffer
3 Zweige Rosmarin
1 Bio-Zitrone
3 EL abgetropfte, kleine schwarze Oliven (aus dem Glas), mit oder ohne Stein
3 EL gehackte glatte Petersilie

Für das Hähnchen:
600 g Hähnchenunterkeulen (Chickendrums)
3 EL Olivenöl
3 EL Zitronensaft
¾ TL Paprikapulver edelsüß
Salz
gem. Pfeffer

Pro Portion
E: 21 g, F: 27 g, Kh: 41 g, kcal: 510

TIPPS: Wer nur eine kleine Heißfuftfritteuse hat, sollte Kartoffeln und Hähnchenkeulen in zwei Portionen nacheinander garen. Zum Servieren können Sie dann alles zusammen nochmals kurz in der Fritteuse erhitzen.

Nach Belieben Blattsalat oder Tomatensalat dazu servieren (s. S. 54/55).

1. Für die Rosmarinkartoffeln die Kartoffeln unter fließendem Wasser abbürsten. Abtrocknen und jeweils quer halbieren, größere Exemplare eventuell dritteln. Den Knoblauch abziehen. 1 Knoblauchzehe durch eine Knoblauchpresse in eine Schüssel drücken, mit 2 EL Olivenöl und Oregano verrühren, mit Salz und Pfeffer würzen. Die Kartoffeln im Würzöl wenden, dann in den Frittierkorb geben.

2. Die zweite Knoblauchzehe quer in dünne Scheiben schneiden. Den Rosmarin abspülen und trocken tupfen. Von einem Zweig die Nadeln abstreifen und fein hacken, die übrigen beiden Zweige in kleinere Stücke zupfen. Die Zitrone heiß abwaschen, abtrocknen und längs in 6–8 Spalten schneiden. Knoblauch, gehackten Rosmarin und Zitronenstücke mit dem übrigen Öl (1 EL) mischen.

3. Für das Hähnchen die Keulen mit Küchenpapier abtupfen. Öl und Zitronensaft in einem Schälchen verrühren, bis sich beides gut verbunden hat. Das Zitronenöl mit Paprikapulver, Salz und Pfeffer würzen. Die Haut der Hähnchenkeulen leicht mit dem Finger vom Fleisch lösen und etwas Zitronenöl mit einem Pinsel auf das Fleisch streichen, die Haut wieder darüberziehen. Die Keulen rundum mit Zitronenöl bepinseln, dabei etwas Öl übrig lassen. Die Keulen auf die Kartoffeln legen.

4. Die Heißluftfritteuse auf 190 °C einstellen, falls nötig vorheizen. Kartoffeln und Hähnchenkeulen in der Fritteuse etwa 15 Minuten garen. Die Keulen herausnehmen. Die Zitronenspalten samt Würzmischung unter die Kartoffeln mischen, die Keulen wieder darauflegen, dabei wenden und mit dem übrigen Würzöl bepinseln. Alles etwa 5 Minuten weitergaren.

5. Um zu testen, ob die Hähnchenkeulen bereits gar sind, diese mit einem spitzen Messer an der dicksten Stelle bis zum Knochen einstechen. Tritt beim Herausziehen klarer Fleischsaft aus, ist das Hähnchen gar. Ist der Fleischsaft noch trübe, das Fleisch noch 5–10 Minuten weitergaren.

6. Die Hähnchenkeulen auf Teller verteilen. Oliven und Petersilie unter die Kartoffeln heben, diese zu den Hähnchenkeulen geben.

HÄHNCHENGESCHNETZELTES

MIT PILZ-PAPRIKA-GEMÜSE

Zubereitungszeit: 25 Minuten
Garzeit: 10–15 Minuten

ZUTATEN FÜR 4 PORTIONEN

Für das Geschnetzelte:
400 g Hähnchenbrustfilet
500 g braune Champignons
2 rote Paprikaschoten
1 große Zwiebel
3 EL Olivenöl
1 TL Paprikapulver edelsüß
½ TL gerebelter Thymian
½ TL gerebelter Majoran
Salz
gem. Pfeffer

Für den Dip:
1 Bund Schnittlauch
2 Knoblauchzehen
200 g Schmand
150 g saure Sahne
Salz
gem. Pfeffer

Pro Portion
E: 32 g, F: 26 g, Kh: 8 g, kcal: 406

1. Für das Geschnetzelte das Hähnchenbrustfilet mit Küchenpapier abtupfen und in knapp 1 cm breite Streifen schneiden. Die Champignons putzen, eventuell kurz abspülen und trocken tupfen, dann vierteln. Die Paprikaschoten halbieren, entstielen, entkernen und die weißen Scheidewände entfernen. Die Schoten abspülen, abtropfen lassen und in etwa 2 cm große Stücke schneiden. Die Zwiebel abziehen und längs halbieren, die Hälften quer in 3–4 mm dicke Streifen schneiden.

2. Olivenöl, Paprikapulver, Thymian und Majoran in einer Schüssel gut verrühren, dann mit Salz und Pfeffer würzen. Hähnchenfleisch, Champignons, Paprika sowie Zwiebel in die Schüssel geben und alles gründlich vermischen.

3. Die Heißluftfritteuse auf 190 °C einstellen, falls möglich mit dem Frittierkorb vorheizen. Die Fleischmischung in den heißen Frittierkorb geben und alles in 10–15 Minuten leicht braun garen, dabei nach der Hälfte der Zeit einmal durchrühren.

4. Inzwischen für den Dip den Schnittlauch abspülen, trocken tupfen und in Röllchen schneiden. Den Knoblauch abziehen und fein hacken oder durch eine Presse drücken. Schmand, saure Sahne, Schnittlauch (bis auf 1 EL) und Knoblauch in einer Schüssel verrühren, mit Salz und Pfeffer würzen.

5. Gegen Ende der Garzeit prüfen, ob die Hähnchenstücke komplett durchgegart sind (dazu ein Stück durchschneiden, es muss in der Mitte weiß sein). Das Geschnetzelte nochmals durchrühren, mit der Schmandcreme auf Tellern anrichten und mit dem übrigen Schnittlauch bestreuen.

BEILAGENTIPP: Dazu schmecken Bandnudeln oder Spätzle (nach Packungsanleitung zubereiten). Wer will, kann Nudeln, Geschnetzeltes und Dip zum Servieren miteinander mischen. Alternativ ist aber auch frisches Baguette eine gute Beilage.

ORANGENHUHN

SÜSSSAUER

Zubereitungszeit: 30 Minuten
Marinierzeit: mind. 2 Stunden
Garzeit: 15–20 Minuten je Frittiervorgang

ZUTATEN FÜR 4 PORTIONEN

Für das Fleisch:
20 g Ingwer
1 Knoblauchzehe
2 EL Weißweinessig
1 EL Sojasauce
evtl. 1 EL trockener Sherry
Salz
gem. weißer Pfeffer
600 g Hähnchenbrustfilet
1 Eiweiß (Größe M)
40 g Weizenmehl (Type 405)
50 g Speisestärke

Für die Sauce:
2 Bio-Saftorangen
125 ml Hühnerbrühe
1 EL Zucker
2 TL Weißweinessig
2 TL Sojasauce
1 EL Speiseöl, z. B. Rapsöl
evtl. 2 getrocknete rote Chilischoten
2 Sternanis
2 TL Speisestärke

Zusätzlich:
Speiseöl zum Bepinseln oder Besprühen
2 Frühlingszwiebeln

Pro Portion
E: 39 g, F: 7 g, Kh: 26 g, kcal: 321

BEILAGENTIPP: Dazu passt Reis.

1. Für das Fleisch den Ingwer schälen und fein reiben, den Knoblauch abziehen und durch eine Knoblauchpresse drücken. Beides mit Essig, Sojasauce, nach Belieben dem Sherry sowie etwas Salz und Pfeffer verrühren. Das Hähnchen mit Küchenpapier abtupfen und in etwa 4 cm große, gleich dicke Stücke schneiden. In der Marinade wenden und zudeckt im Kühlschrank mindestens 2 Stunden (oder über Nacht) ziehen lassen.

2. Das Eiweiß zum Hähnchen geben und alles gut vermischen. Mehl und Stärke in einem tiefen Teller mischen. Das Fleisch abtropfen lassen und portionsweise in der Mehlmischung wenden, sodass diese rundum dick und gut haften bleibt. Den Frittierkorb der Heißluftfritteuse mit Öl bepinseln oder besprühen. Die Hähnchenstücke rundum mit Öl betupfen oder besprühen.

3. Die Heißluftfritteuse auf 180 °C einstellen, falls nötig vorheizen. Die Fleischstücke mit etwas Abstand zueinander in den Frittierkorb legen (falls nötig portionsweise nacheinander verarbeiten). Die Hähnchenstücke etwa 10 Minuten garen, dabei nach der Hälfte der Zeit wenden. Die Temperatur auf 200 °C erhöhen und die Fleischstücke in weiteren 5–10 Minuten knusprig braun frittieren, zwischendurch den Frittierkorb einmal durchschütteln.

4. Inzwischen für die Sauce die Orangen heiß abwaschen und abtrocknen. Die Schale von 1 Orange fein abreiben, den Saft beider Orangen auspressen. 125 ml Saft abmessen und mit Brühe, Zucker, Essig und Sojasauce verrühren.

5. Das Öl in einem Topf erhitzen, Chilis (falls verwendet) und Sternanis darin bei mittlerer Hitze anrösten. Mit der Orangenmischung ablöschen und offen 2–3 Minuten bei mittlerer Hitze köcheln. Die Stärke in einer Tasse mit 5 EL kaltem Wasser glatt verrühren, die Mischung unter die Sauce rühren und diese bei kleiner Hitze unter gelegentlichem Rühren 5–6 Minuten köcheln und andicken lassen. Die Sauce mit Salz und Pfeffer abschmecken, Sternanis entfernen.

6. Die Frühlingszwiebeln putzen, abspülen, abtropfen lassen und schräg in dünne Ringe schneiden. Fleisch und Frühlingszwiebeln mit der Sauce mischen. 1–2 Minuten ziehen lassen.

BEILAGENSALATE

Frischekick

Auch wenn die Speisen aus der Heißluftfritteuse leichter sind als vergleichbar klassisch frittierte, vertragen sie oft noch eine frische Beilage. Salate sind ideal, da sie sich schnell nebenher zubereiten lassen und fertig sind, wenn die Leckereien aus der Fritteuse kommen. Nüsse, Kerne oder Brotwürfel, die ins Dressing oder on top kommen, können Sie natürlich auch in der Fritteuse rösten – da diese aber eventuell mit dem Hauptgericht belegt ist, haben wir sie hier optional angegeben.

BLATTSALATE

Für 4 Portionen **1 EL ungeschälte Sesamsamen** mit **2 EL Olivenöl** in einem Topf bei mittlerer Hitze in 5–10 Minuten unter Rühren bräunen. Alternativ in einer hitzebeständigen Form in der Heißluftfritteuse (160 °C) bräunen, dabei ab und zu durchmischen. Herausnehmen und erkalten lassen. **400 g Blattsalat** (**z. B. Kopfsalat, Feldsalat, Radicchio, Lollo bianco und Rucola**) putzen, abspülen, trocken schleudern und etwas kleiner zupfen. **2 EL Obstessig oder Zitronensaft, 1 Prise Salz, 4 EL Wasser** und **2 TL mittelscharfen Senf** in einer Schüssel verrühren. **3 EL Rapsöl** gut unterschlagen und zum Schluss die Sesammischung unterrühren. Das Dressing mit **Salz, gem. Pfeffer** und etwas **Zucker** abschmecken. Blattsalate und Dressing in einer Schüssel mischen. (Pro Portion: E: 3 g, F: 17 g, Kh: 7 g, kcal: 204)

TOMATENSALAT

Für 4 Portionen **40 g Pinienkerne** in einer Pfanne ohne Fett bei mittlerer Hitze oder in der Heißluftfritteuse (160 °C) in 5–10 Minuten goldgelb rösten dabei ab und zu durchmischen. Herausnehmen und abkühlen lassen. **500 g Tomaten** abspülen, trocken tupfen und die Stängelansätze herausschneiden. Die Tomaten in dünne Scheiben schneiden. **2–3 Zwiebeln** abziehen und in Scheiben schneiden, diese in Ringe teilen. **1 EL Weißweinessig** mit etwas **Salz, gem. Pfeffer** und **1 Prise Zucker** verrühren. **2 EL Olivenöl** unterschlagen. Tomaten, Zwiebeln und Dressing in einer Schüssel vorsichtig mischen. Nach Belieben **1 kleines Bund Petersilie oder Basilikum** abspülen und trocken schütteln. Die Blätter abzupfen, nach Belieben klein schneiden und unter den Salat mischen. Mit Pinienkernen bestreuen. (Pro Portion: E: 4 g, F: 14 g, Kh: 6 g, kcal: 164)

ZOODLES-SALAT

Für 4 Portionen **80 g gehobelte Haselnusskerne** in einer Pfanne ohne Fett oder in der Heißluftfritteuse (160 °C) in 5–10 Minuten goldgelb rösten, dabei ab und zu mischen. Abkühlen lassen. **2 Scheiben Toastbrot** klein würfeln, mit etwas **Speiseöl** besprühen und in der Pfanne oder der Fritteuse (170 °C) etwa 5 Minuten rösten. **20 g abgespülte, trocken getupfte Basilikumblätter** grob schneiden. 50 g geröstete Nüsse im Blitzhacker fein hacken, **5 EL Nussöl** und Basilikum dazugeben und alles stückig pürieren. Mit **1 Msp. abger. Bio-Orangenschale** und **Salz** abschmecken. **300 g dicke Möhren** und **500 g Zucchini** putzen, Möhren schälen. Das Gemüse abspülen, trocken tupfen und mit einem Spiralschneider in „Spaghetti“ schneiden. Mit **3–4 EL Orangensaft** und übrigen Nüssen mischen. Den Salat mit Nussmischung und Brotwürfeln anrichten (Pro Portion: E: 8 g, F: 31 g, Kh: 19 g, kcal: 378)

RINDFLEISCH MIT BROKKOLI
WOK STYLE

Zubereitungszeit: 25 Minuten
Garzeit: 15–20 Minuten

ZUTATEN FÜR 4 PORTIONEN
Für das Fleisch mit Brokkoli:
3 Rindersteaks (je etwa 180 g), z. B. Entrecôte
2 Knoblauchzehen
2 EL Sojasauce
evtl. 2 TL trockener Sherry
3 EL Speiseöl, z. B. Erdnussöl
Salz
gem. Pfeffer
500 g Brokkoliröschen

Für die Sauce:
1 rote Chilischote
15 g Ingwer
150 ml Rinderbrühe
3 EL Sojasauce
2 TL Zucker
evtl. 1 TL trockener Sherry
1 EL Hoisin-Sauce (aus dem Asia-Laden)
1 TL Speisestärke

Pro Portion
E: 34 g, F: 22 g, Kh: 18 g, kcal: 408

BEILAGENTIPP: Dazu passt Reis ebenso gut wie asiatische Nudeln, die es inzwischen auch in den meisten Supermärkten gibt. Probieren Sie chinesische Mie-Nudeln oder japanische Udon-Nudeln. Das Gute an vielen dieser Asia-Nudeln: Sie müssen nur kurz garen oder sogar einfach nur mit heißem Wasser übergossen werden und kurz ziehen.

1. Für das Fleisch die Steaks mit Küchenpapier abtupfen, dann quer in etwa 1 cm breite Streifen schneiden. Den Knoblauch abziehen, fein würfeln und in einer kleinen Schüssel mit 1 EL Sojasauce, nach Belieben Sherry und 1 EL Öl verrühren. Das Fleisch darin wenden, leicht mit Salz und Pfeffer würzen und zugedeckt beiseitestellen.

2. Die Brokkoliröschen abspülen, abtropfen lassen und mit einem sauberen Küchentuch gut trocken tupfen. Übrige Sojasauce (1 EL) und übriges Öl (2 EL) in einer Schüssel verrühren. Den Brokkoli darin gründlich wenden, leicht salzen und pfeffern.

3. Die Heißluftfritteuse auf 175 °C einstellen, falls nötig vorheizen. Den Brokkoli in den Frittierkorb geben und 7–10 Minuten garen, zwischendurch ein- oder zweimal wenden.

4. Inzwischen für die Sauce die Chilischote längs halbieren, entstielen, entkernen, abspülen, abtropfen lassen und in feine Streifen schneiden. Den Ingwer schälen und fein würfeln oder fein reiben. Dann in einem Schälchen mit Brühe, Sojasauce, Zucker, Sherry und Hoisin-Sauce verrühren. Die Stärke gründlich unterrühren.

5. Die Sauce in einem Topf unter Rühren zum Kochen bringen, dann unter gelegentlichem Rühren 2–5 Minuten bei kleiner Hitze köcheln und andicken lassen. Gegen Ende die Chilistreifen dazugeben. Die Sauce zugedeckt warm halten.

6. Den Brokkoli aus der Heißluftfritteuse in eine Schüssel umfüllen und abdecken. Die Fritteusentemperatur auf 200 °C erhöhen. Das Fleisch samt Marinade gleichmäßig im noch heißen Frittierkorb verteilen und 8–10 Minuten garen, dabei nach der Hälfte der Zeit einmal umrühren.

7. Fleisch, Brokkoli und warme Sauce mischen. Zugedeckt kurz ziehen lassen, damit der Brokkoli wieder heiß wird. Dann sofort servieren.

RINDFLEISCH-SALAT-RÖLLCHEN

KOREANISCHE ART

Zubereitungszeit: 30 Minuten
Marinierzeit: 30 Minuten
Kochzeit (Reis): 20–25 Minuten
Garzeit: 8–12 Minuten

ZUTATEN FÜR 4 PORTIONEN

400 g Rinderfilet
2 Möhren
1 Apfel
2 kleine Zwiebeln
1 Knoblauchzehe
6 EL Sojasauce
2 EL Weißweinessig
½ TL Zucker
4 EL geröstetes Sesamöl
Salz
gem. Pfeffer
150 g geschälter Rundkornreis
2 EL geschälte Sesamsamen
2 Romanasalatherzen
3 Frühlingszwiebeln

Pro Portion

E: 28 g, F: 17 g, Kh: 40 g, kcal: 440

TIPPS: Das Fleisch lässt sich besonders einfach schneiden, wenn man es fest in Frischhaltefolie wickelt und 3–4 Stunden im Tiefkühlfach anfrieren lässt.

Die Röllchen mit der Hand greifen und davon abbeißen. In Korea tunkt man sie noch gern in etwas leicht gesalzenes Sesamöl.

1. Das Rinderfilet mit Küchenpapier abtupfen, längs halbieren, dann quer in etwa 3 mm dicke Scheiben schneiden. Die Möhren putzen, schälen, abspülen, abtropfen lassen und längs halbieren. Die Hälften schräg in dünne Scheiben schneiden.

2. Den Apfel abspülen, abtrocknen, vierteln und entkernen. 1 Apfelviertel grob würfeln. Die Zwiebeln abziehen und halbieren, eine Hälfte grob würfeln. Den Knoblauch abziehen, grob würfeln und mit Zwiebel- und Apfelwürfeln in einen Blitzhacker geben. Sojasauce, Essig, Zucker, 2 EL Sesamöl, Salz und Pfeffer dazugeben und alles fein pürieren. Fleisch, Möhren und Marinade in einer Schüssel mischen. Zugedeckt etwa 30 Minuten ziehen lassen.

3. Inzwischen für den Reis 300 ml Wasser in einem Topf aufkochen. Den Reis in einem Sieb kalt abspülen und abtropfen lassen. Das kochende Wasser salzen, den Reis hineingeben und 2 Minuten offen kochen, dann 20–25 Minuten zugedeckt bei kleiner Hitze garen, gegen Ende auf kleinster Stufe ausquellen lassen.

4. Die Sesamsamen in einer Pfanne ohne Fett unter Wenden anrösten, dann abkühlen lassen. Die beiseitegelegten Zwiebelhälften in 3–4 mm dicke Spalten schneiden und in einzelne Schichten teilen. Vom Romanasalat den Strunk abschneiden. Den Salat in einzelne Blätter teilen, diese abspülen und abtropfen lassen. Die Blätter mit der gewölbten Seite nach unten auf einer Platte verteilen. Die Frühlingszwiebeln putzen, abspülen, abtropfen lassen und in feine Scheiben schneiden. Die übrigen Apfelviertel klein würfeln.

5. Die Heißluftfritteuse auf 200 °C einstellen und 3–5 Minuten vorheizen, dabei den Frittierkorb mit erhitzen. Die Zwiebelschichten unter das Fleisch mischen. Die Mischung in den heißen Frittierkorb geben und in 8–12 Minuten braun braten, dabei zwischendurch einmal durchrühren.

6. Die Fleischmischung in eine Schüssel umfüllen. Übriges Sesamöl (2 EL), Frühlingszwiebeln, Sesam und Apfelwürfel untermischen. Auf jedes Salatblatt 1 geh. EL Reis und etwas Fleischmischung geben. Die Salatblätter aufrollen und servieren.

SCHNITZEL WIENER ART

MIT CRÈME-FRAÎCHE-DIP

Zubereitungszeit: 40 Minuten
Garzeit: 8–10 Minuten je Frittiervorgang

ZUTATEN FÜR 4 PORTIONEN

Für die Schnitzel:
4 Schweineschnitzel (je etwa 125 g)
Salz
gem. Pfeffer
50 g Weizenmehl (Type 405)
etwa 100 g Semmelbrösel (Paniermehl; alternativ auch Pankobrösel)
2 Eier (Größe M)

Für den Dip:
6 EL Wild-Preiselbeeren (aus dem Glas)
1 EL ger. Meerrettich (aus dem Glas)
1 EL Crème fraîche
gem. Pfeffer

Zusätzlich:
Speiseöl zum Bepinseln oder Besprühen
1 Bio-Zitrone

Pro Portion
E: 35 g, F: 13 g, Kh: 40 g, kcal: 424

1. Für die Schnitzel das Fleisch mit Küchenpapier abtupfen, gleichmäßig flach klopfen und mit Salz und Pfeffer würzen. Drei tiefe Teller nebeneinanderstellen. Mehl und Semmelbrösel in je einen der Teller geben. Im dritten Teller die Eier mit einer Gabel verquirlen. Die Schnitzel nacheinander zuerst in Mehl wenden, überschüssiges Mehl abschütteln. Dann die Schnitzel in den Eiern wenden, überschüssiges Ei abtropfen lassen. Die Schnitzel zuletzt in den Semmelbröseln wenden, die Panade etwas andrücken.

2. Für den Dip die Preiselbeeren mit dem Meerrettich und der Crème fraîche verrühren. Den Dip mit Pfeffer würzen.

3. Die Heißluftfritteuse auf 180 °C einstellen, falls nötig vorheizen. Den Frittierkorb dünn mit Öl bepinseln oder besprühen. Die Schnitzel nebeneinander hineinlegen (falls nötig portionsweise nacheinander verarbeiten). Die Schnitzel mit Öl einpinseln oder einsprühen und in der Fritteuse etwa 8–10 Minuten garen, dabei zwischendurch einmal wenden. Fertige Schnitzel warm stellen.

4. Die Zitrone heiß abwaschen, abtrocknen und achteln. Die Schnitzel mit Crème-fraîche-Dip und Zitronenstücken servieren.

BEILAGENTIPP: Dazu passen **Bratkartoffeln**. Dafür 500 g gegarte festkochende Kartoffeln (nach Belieben mit oder ohne Schale) in Scheiben schneiden. 4–5 EL Speiseöl (z. B. Rapsöl) in einer breiten Pfanne erhitzen und die Kartoffeln darin knusprig braun braten, während die Schnitzel in der Fritteuse sind. Die Kartoffeln während des Bratens nur vorsichtig wenden, damit sie nicht zu stark zerfallen. Sie können die Bratkartoffeln auch in der Heißluftfritteuse zubereiten (ideal, wenn eine Fritteuse mit zwei voneinander unabhängigen Frittierzonen vorhanden ist!). Dafür die gegarten Kartoffeln in Scheiben schneiden, in einer Schüssel vorsichtig mit 2–3 EL Speiseöl vermengen und im Frittierkorb bei 195 °C etwa 10 Minuten frittieren.

GYROS-PITA

MIT ZAZIKI

Zubereitungszeit: 30 Minuten
Marinierzeit: 2–3 Stunden
Garzeit: 2–4 Minuten je Backvorgang (Pitabrote) plus 7–10 Minuten (Gyros)

ZUTATEN FÜR 4 PORTIONEN

Für das Gyros:
600 g dünne Schweineschnitzel (aus dem Rücken; „Minutensteaks")
1 Knoblauchzehe
5 EL Olivenöl
1 TL gerebelter Oregano
⅓ TL gerebelter Majoran
¾ TL Paprikapulver edelsüß
Salz
gem. Pfeffer
2 Zwiebeln

Für das Zaziki:
1 kleine Salatgurke
2 Knoblauchzehen
400 g griechischer Joghurt (10 % Fett)
1 TL Weißweinessig
Salz
gem. Pfeffer
4 Stängel Dill

Zum Servieren:
4 Pita-Brottaschen (aus dem Brotregal; bei Bedarf glutenfrei)
2 Tomaten
20 g Rucola (Rauke)

Pro Portion
E: 44 g, F: 26 g, Kh: 40 g, kcal: 578

1. Für das Gyros die Schnitzel mit Küchenpapier abtupfen, dann quer in knapp 1 cm breite Streifen schneiden. Den Knoblauch abziehen und durch eine Knoblauchpresse in eine Schüssel drücken. Olivenöl, Oregano, Majoran und Paprikapulver dazugeben und alles gut verrühren, dann mit etwas Salz und Pfeffer würzen. Das Fleisch in der Marinade wenden und zugedeckt 2–3 Stunden im Kühlschrank durchziehen lassen.

2. Für das Zaziki die Gurke abspülen, abtrocknen und die Enden abschneiden. Die Gurke auf einer Küchenreibe grob raspeln. Die Gurkenraspel in ein feines Sieb geben, leicht salzen und etwa 10 Minuten über eine Schüssel hängen und Wasser ziehen lassen.

3. Inzwischen die Knoblauchzehen abziehen und durch eine Knoblauchpresse in eine Schüssel drücken. Den Joghurt dazugeben. Die Gurkenraspel mit den Händen gut ausdrücken und dazugeben. Mit Essig, Salz und Pfeffer würzen, alles verrühren. Den Dill abspülen und trocken tupfen. Die Spitzen abzupfen, fein schneiden und unter das Zaziki mischen. Nach Belieben 10–20 Minuten zugedeckt im Kühlschrank durchziehen lassen.

4. Für das Gyros die Zwiebeln abziehen, längs halbieren, in dicke Halbscheiben schneiden und diese in Halbringe teilen. Die Heißluftfritteuse auf 190 °C einstellen, falls nötig vorheizen.

5. Zunächst die Pitabrote zum Servieren leicht anfeuchten und in 2–4 Minuten aufbacken (falls nötig portionsweise nacheinander), dann wieder herausnehmen. Anschließend das marinierte Fleisch in den Frittierkorb geben und 5–6 Minuten garen. Die Zwiebeln unterrühren und alles in 2–4 Minuten fertig garen.

6. Inzwischen zum Servieren die Tomaten abspülen, abtrocknen, halbieren und die Stängelansätze herausschneiden. Die Tomatenhälften vierteln. Den Rucola verlesen und dicke Stängel abschneiden. Den Rucola abspülen, gut abtropfen lassen oder trocken schleudern und eventuell etwas kleiner zupfen.

7. Die Pitabrote mit Tomaten, Rucola, Zaziki und Gyros füllen. Alternativ alle Zutaten separat zum Selberfüllen auf den Tisch stellen.

HACKBÄLLCHEN

MIT KÄSEFÜLLUNG

Zubereitungszeit: 40 Minuten
Garzeit: 12–15 Minuten je Frittiervorgang

ZUTATEN FÜR 4 PORTIONEN

60 g Semmelbrösel (Paniermehl)
5 EL Milch (3,5 % Fett)
500 g Rinderhackfleisch
1 Ei (Größe M)
3 EL Ajvar (pikante Paprikapaste; aus dem Glas)
Salz
gem. Pfeffer
125 g Mozzarella
250 g Cocktailtomaten
100 g grüne Oliven mit Kräutern, ohne Stein

Zusätzlich:
Speiseöl zum Bepinseln oder Besprühen
evtl. 1 kleine Handvoll Basilikumblätter

Pro Portion
E: 35 g, F: 26 g, Kh: 16 g, kcal: 445

1. Die Semmelbrösel mit der Milch in einer Rührschüssel mischen. Hackfleisch, Ei und Ajvar dazugeben, mit Salz und Pfeffer würzen und alles gut vermischen.

2. Den Mozzarella abtropfen lassen und in 20 kleine Stücke schneiden. Die Tomaten abspülen und abtrocknen.

3. Aus der Hackfleischmasse 20 tischtennisballgroße Hackbällchen formen und füllen. Dazu pro Bällchen 1 geh. EL Hackfleischmasse (etwa 30 g) abnehmen, in der Hand flach drücken und mit je 1 Stück Mozzarella belegen. Die Masse um den Mozzarella herum zu einem Bällchen formen. Dabei darauf achten, dass der Käse gut eingeschlossen ist, damit er beim Frittieren nicht herausläuft.

4. Die Heißluftfritteuse auf 180 °C einstellen, falls nötig vorheizen. Den Frittierkorb dünn mit Öl bepinseln oder besprühen. Die Hackbällchen nebeneinander hineinlegen, Tomaten und Oliven darauf und dazwischen verteilen (falls nötig portionsweise nacheinander verarbeiten).

5. Die Hackbällchen in der Fritteuse 12–15 Minuten garen, dabei zwischendurch den Frittierkorb ein- oder zweimal kräftig schütteln.

6. Die Hackbällchen mit Tomaten und Oliven auf Tellern anrichten. Nach Belieben mit abgespülten, trocken getupften Basilikumblättern garnieren.

BEILAGENTIPP: Dazu passen Weißbrot (z. B. Baguette) oder Bauernbrot und Blattsalat (s. S. 54).

TÜRKISCHE HACKPIZZA
(LAHMACUN)

Zubereitungszeit: 30 Minuten
Garzeit: 6–8 Minuten je Backvorgang

ZUTATEN FÜR 6 STÜCK
2 Zwiebeln
2 Knoblauchzehen
1 Bund glatte Petersilie
3 EL Olivenöl
1 EL Tomatenmark
1 ½ EL Paprikamark (s. Tipp)
1 rote Spitzpaprikaschote
2 Eiertomaten
400 g Rinderhackfleisch
Salz
gem. Pfeffer
6 Vollkorn-Tortillafladen (aus dem Brot- oder Spezialitätenregal, Ø etwa 20 cm)

Eventuell zum Servieren:
100 g Salatgurke, in Würfel geschnitten
2 Tomaten, in Würfel geschnitten
6 Blätter Romanasalat, in mundgerechte Stücke gezupft oder in Streifen geschnitten
4 Frühlingszwiebeln, in Ringe geschnitten
200 g Fetakäse (Schafskäse), zerbröckelt

Pro Stück
E: 20 g, F: 16 g, Kh: 38 g, kcal: 384

ZUTATENTIPP: Neben normalem Paprikamark in Tuben gibt es in großen Supermärkten oder türkischen Lebensmittelgeschäften Gläser mit mildem Paprikamark (Tatlı biber salçası) und scharfem Paprikamark (Acı biber salçası). Beide Sorten eignen sich hier. Entscheidend ist, wie viel Schärfe Sie mögen.

1. Zwiebeln und Knoblauch abziehen und jeweils fein würfeln. Die Petersilie abspülen und trocken tupfen, die Blätter abzupfen. Einige Blätter zum Bestreuen beiseitelegen, die restlichen grob schneiden.

2. Das Olivenöl in einer kleinen Pfanne erhitzen und die Zwiebeln darin bei mittlerer Hitze goldgelb dünsten. Gegen Ende den Knoblauch dazugeben und kurz mitdünsten. Tomaten- und Paprikamark dazugeben und unter Rühren kurz mitbraten. Die geschnittene Petersilie dazugeben und nur leicht zusammenfallen lassen. Die Pfanne von der Kochstelle nehmen und die Zwiebelmischung lauwarm abkühlen lassen.

3. Inzwischen die Paprikaschote halbieren, entstielen, entkernen und die weißen Scheidewände entfernen. Die Schote abspülen, abtropfen lassen und in etwa ½ cm große Würfel schneiden. Die Tomaten abspülen, abtrocknen und die Stängelansätze entfernen. Die Tomaten jeweils halbieren und die Kerne mit einem Löffel entfernen. Die Tomatenhälften in ½–1 cm große Stücke schneiden.

4. Tomaten, Paprika und Hackfleisch in eine Schüssel geben. Die lauwarme Zwiebelmasse dazugeben, alles mit Salz und Pfeffer würzen und gründlich vermischen. Nach Belieben zugedeckt im Kühlschrank etwa 15 Minuten ziehen lassen.

5. Die Heißluftfritteuse auf 180 °C einstellen, falls nötig vorheizen. Inzwischen das Hackfleisch in sechs gleich große Portionen teilen. 1 Portion auf jedem Tortillafladen verteilen und flach drücken, dabei nur einen kleinen Rand frei lassen. Die Fladen in den Frittierkorb legen (falls nötig einzeln nacheinander verarbeiten). Die Fladen in der Fritteuse in 6–8 Minuten knusprig braun backen.

6. Die Fladen herausnehmen und kurz abkühlen lassen. Mit beiseitegelegter Petersilie bestreuen und warm servieren. Nach Belieben Gurke, Tomaten, Romanasalat, Frühlingszwiebeln und Fetakäse als Extrabeläge dazu reichen. Zum Essen die Fladen zusammenrollen oder -klappen.

FISH AND CHIPS
(Fisch mit Pommes frites)

Zubereitungszeit: 30 Minuten
Ruhezeit: 15 Minuten
Garzeit: 15–20 Minuten (Pommes) plus 15 Minuten je Frittiervorgang (Fisch)

ZUTATEN FÜR 4 PORTIONEN

Für die Chips (Pommes frites):
900 g festkochende Kartoffeln
2 EL Speiseöl, z. B. Rapsöl
Salz

Für den Fisch:
500 g Seelachs- oder Kabeljaufilet (Mittelstück, Loins)
Salz
gem. Pfeffer
1 Ei (Größe L)
5 EL Weizenmehl (Type 405)
100 g scharfe Nachos (Mais-Chips)
80 g Semmelbrösel (Paniermehl)

Zusätzlich:
Speiseöl zum Bepinseln oder Besprühen

Pro Portion
E: 33 g, F: 16 g, Kh: 69 g, kcal: 568

Tipp: Fisch und Kartoffeln werden bei unterschiedlichen Temperaturen und unterschiedlich lang gegart, sie müssen deshalb getrennt und nacheinander in die Fritteuse. Die Pommes bei 100 °C im Backofen warm halten – und erst kurz vor dem Servieren salzen, sonst ziehen sie Wasser und verlieren sehr schnell ihre Knusprigkeit!

1. Für die Chips (Pommes) die Kartoffeln schälen, abspülen und abtropfen lassen. Der Länge nach zunächst in knapp 1 cm dicke Scheiben, diese dann längs in knapp 1 cm breite Stifte schneiden. Die Kartoffelstifte in einer Schüssel mit kaltem Wasser mindestens 15 Minuten (gerne auch länger) stehen lassen, damit sie möglichst viel Stärke verlieren und später schön knusprig werden.

2. Die Kartoffelstäbchen in ein Sieb abgießen, gründlich mit kaltem Wasser abspülen und abtropfen lassen. Auf ein sauberes Küchentuch geben und gründlich trocken tupfen. Dann in einer Schüssel mit dem Öl vermischen.

3. Die Heißluftfritteuse auf 200 °C einstellen, falls nötig vorheizen. Die Kartoffeln in den Frittierkorb geben und 15–20 Minuten garen, dabei den Frittierkorb drei- oder viermal kräftig schütteln, damit die Kartoffeln gleichmäßig bräunen und knusprig werden.

4. Inzwischen für den Fisch das Fischfilet mit Küchenpapier abtupfen. Das Filet quer in etwa 4 cm dicke Stücke schneiden, diese leicht salzen und pfeffern. Drei tiefe Teller nebeneinanderstellen. Das Ei mit 3 EL kaltem Wasser in einem Teller verquirlen, leicht salzen und pfeffern. Das Mehl in einen Teller geben. Die Nacho-Chips in einem Blitzhacker zu Bröseln zerkleinern und im dritten Teller mit den Semmelbröseln mischen.

5. Die fertigen Chips aus dem Frittierkorb nehmen und warm stellen (s. Tipp). Für den Fisch den Frittierkorb dünn mit Öl bepinseln oder besprühen. Die Fischstücke erst im Mehl wenden, überschüssiges Mehl abschütteln. Dann im Ei wenden, überschüssiges Ei abtropfen lassen. Zuletzt in der Bröselmischung wenden, die Panade leicht andrücken.

6. Die Heißluftfritteuse auf 180 °C einstellen, falls nötig vorheizen. Die panierten Fischstücke dünn mit Öl betupfen oder besprühen und mit etwas Abstand zueinander in den Frittierkorb legen (falls nötig portionsweise nacheinander verarbeiten). Den Fisch in der Fritteuse in etwa 15 Minuten knusprig braun frittieren, dabei zwischendurch einmal wenden. Die Chips erst kurz vor dem Servieren salzen und mit dem Fisch zusammen auf Tellern anrichten.

LACHSFILETS

MIT KRÄUTERSAUCE

Zubereitungszeit: 25 Minuten
Garzeit: 8–12 Minuten je Frittiervorgang

ZUTATEN FÜR 4 PORTIONEN

Für den Fisch:
4 Lachsfilets (je etwa 150 g), ohne Haut
3 Stängel Estragon
2 TL mittelscharfer Senf
2 EL Olivenöl
Salz
gem. Pfeffer

Für die Sauce:
2 Schalotten
1 EL Butter
200 ml trockener Weißwein (ersatzweise Fisch- oder Gemüsefond)
1 TL mittelscharfer Senf
200 ml Fischfond (aus dem Glas; ersatzweise Gemüsefond)
200 g Schlagsahne
5 Stängel Estragon
1 Bund Schnittlauch
Salz
gem. Pfeffer

Zusätzlich:
Olivenöl zum Bepinseln oder Besprühen

Pro Portion
E: 32 g, F: 48 g, Kh: 3 g, kcal: 599

1. Für den Fisch die Lachsfilets mit Küchenpapier abtupfen. Den Estragon abspülen und trocken tupfen, die Blätter abzupfen und in feine Streifen schneiden. Senf, Olivenöl und Estragon in einer Schüssel verrühren, die Senfpaste mit Salz und Pfeffer würzen. Die Lachsfilets auf der Oberfläche und an den Seiten dünn mit der Senfpaste bestreichen.

2. Für die Sauce die Schalotten abziehen und möglichst fein würfeln. Die Butter in einem kleinen Topf zerlassen und die Schalottenwürfel darin bei kleiner Hitze goldgelb dünsten. Mit Weißwein ablöschen und alles bei mittlerer Hitze um die Hälfte einkochen. Den Senf unterrühren, dann den Fond dazugießen und alles wiederum um die Hälfte einkochen. Zuletzt die Sahne unterrühren und noch einmal um die Hälfte einkochen.

3. Inzwischen Estragon und Schnittlauch abspülen und trocken tupfen. Die Estragonblätter abzupfen und in Streifen schneiden, den Schnittlauch in Röllchen schneiden. Etwa 1 EL Schnittlauch beiseitelegen, die restlichen Kräuter unter die Sauce rühren.

4. Die Heißluftfritteuse auf 190 °C einstellen, falls nötig vorheizen. Den Frittierkorb dünn mit Olivenöl bepinseln oder besprühen. Die Lachsstücke mit der unbestrichenen Seite nach unten mit Abstand zueinander in den Korb legen (falls nötig portionsweise nacheinander verarbeiten). Den Fisch in der Fritteuse 8–12 Minuten garen.

5. Die Lachsfilets herausnehmen und auf einem Teller anrichten. Die Sauce dazu reichen oder darübergeben und alles mit beiseitegelegtem Schnittlauch bestreuen.

TIPPS: Beim Lachsfilet möglichst etwa gleich dicke und große Stücke wählen – idealerweise Mittelstücke. Je nach Dicke des Filets kann sich die Garzeit leicht ändern. Um zu prüfen, ob der Lachs gar ist, an einem Ende leicht mit einer Gabel von oben einstechen; lässt sich das Fischfleisch „blättrig" ablösen, ist es perfekt.

Dazu passen Kartoffel-Gnocchi (etwa 500 g; aus dem Kühlregal). Diese in einer Pfanne in etwas Öl anbraten, während der Fisch in der Fritteuse gart. Oder in einer Fritteuse mit zwei Garzonen gleichzeitig mit dem Fisch braun braten (Einstellung: etwa 180 °C).

GARNELENTACOS

MIT ROTKOHLSALAT

Zubereitungszeit: 30 Minuten
Garzeit: 7–12 Minuten

ZUTATEN FÜR 4 PORTIONEN

Für die Garnelen:
300 g rohe, geschälte TK-Garnelen (Tiger Prawns)
1 Knoblauchzehe
2 EL Speiseöl, z. B. Erdnuss- oder Rapsöl
½ TL gem. Kreuzkümmel (Cumin)
2 Msp. Chiliflocken
Salz, gem. Pfeffer

Für den Rotkohlsalat:
1 kleiner Rotkohl (etwa 400 g)
Salz
2 Möhren (etwa 150 g)
1 große gelbe Paprikaschote
gem. Pfeffer

Für das Dressing:
1 Bund Koriander (etwa 15 g)
1 Knoblauchzehe
1 Bio-Limette
200 g griechischer Joghurt (10 % Fett)
1 ½ EL Olivenöl
Salz, gem. Pfeffer

Zusätzlich:
4 Weizen-Tortillafladen (aus dem Brot- oder Spezialitätenregal, Ø etwa 20 cm)

Pro Portion
E: 23 g, F: 20 g, Kh: 42 g, kcal: 449

TIPP: Zum Essen die Tortillas am besten von drei Seiten einschlagen, fest aufrollen und in die Hände nehmen.

1. Für die Garnelen diese in einem Sieb auftauen lassen, kalt abspülen, abtropfen lassen und mit Küchenpapier trocken tupfen. Den Knoblauch abziehen und in eine Schüssel pressen, mit Öl, Kreuzkümmel, Chiliflocken sowie etwas Salz und Pfeffer verrühren. Die Garnelen darin wenden und zugedeckt in den Kühlschrank stellen.

2. Für den Rotkohlsalat den Kohl vierteln und den Strunk herausschneiden. Den Kohl abspülen und abtropfen lassen, dann quer in sehr feine Streifen schneiden. Die Streifen in einer Schüssel mit 2 Prisen Salz mischen und mit den Händen (eventuell Küchenhandschuhe anziehen) kräftig durchkneten, bis der Kohl weicher wird und Flüssigkeit austritt. Die Möhren putzen, schälen, abspülen, abtropfen lassen und auf einer Küchenreibe grob raspeln. Die Paprikaschote halbieren, entstielen, entkernen und die weißen Scheidewände entfernen. Die Schote abspülen, abtropfen lassen und längs in schmale Streifen schneiden. Kohl, Möhren und Paprika mischen, leicht salzen und pfeffern.

3. Für das Dressing den Koriander abspülen und trocken tupfen. Ein paar Stängel beiseitelegen, den restlichen Koriander mit Stielen grob schneiden. Den Knoblauch abziehen und grob schneiden. Die Limette heiß abwaschen und abtrocknen, die Schale fein abreiben und den Saft auspressen. Geschnittenen Koriander, Knoblauch, Limettenschale, 2 EL Limettensaft, 2 EL Joghurt und das Olivenöl im Blitzhacker fein mixen. Den übrigen Joghurt unterrühren und alles mit Salz, Pfeffer und eventuell Limettensaft abschmecken.

4. Die Heißluftfritteuse auf 180 °C einstellen, falls nötig vorheizen. Die Garnelen in den Frittierkorb geben und in der Fritteuse in 7–12 Minuten leicht braun braten, dabei einmal wenden.

5. Die Tortillafladen in einer beschichteten Pfanne nacheinander kurz erhitzen. Die Fladen auf Tellern auslegen, jeweils etwas Salatmischung darauf verteilen und etwas Dressing darüberträufeln (nach Belieben die Salatzutaten vorab mit dem Dressing mischen). Dann die Garnelen darauf verteilen und mit dem übrigen Dressing beträufeln. Die Garnelentacos mit dem beiseitegelegten Koriander bestreuen und sofort servieren.

VEGGIE-GERICHTE

Mit der Heißluftfritteuse ist es ganz leicht, auf die von Ernährungsexperten empfohlenen fünf Portionen Gemüse und Obst täglich zu kommen. Mit unseren kreativen vegetarischen Gerichten wird garantiert niemand danach fragen, wo denn das Fleisch abgeblieben ist – Gewürze und Röstaromen sorgen dafür, dass auch Gemüse und Co. ausreichend Umami-Geschmack entwickeln.

SÜSSKARTOFFELSALAT

MIT KNUSPER-KICHERERBSEN

Zubereitungszeit: 25 Minuten
Garzeit: 25–35 Minuten

ZUTATEN FÜR 4 PORTIONEN

3 Süßkartoffeln (etwa 600 g)
250 g abgetropfte Kichererbsen (aus der Dose)
2 Knoblauchzehen
4 EL Olivenöl
2 TL gem. Kreuzkümmel (Cumin)
3 Msp. Chilipulver
Salz
gem. Pfeffer
1 große rote Paprikaschote
4 Stangen Staudensellerie
500 g Cocktailtomaten
6 EL Zitronensaft
1 EL Ahornsirup
½ TL gem. Zimt
evtl. 1 kleine Handvoll Korianderblätter, abgespült und trocken getupft

Pro Portion
E: 8 g, F: 11 g, Kh: 36 g, kcal: 310

TIPP: Fladenbrot ist ein guter Begleiter. Das Brot nach Belieben in der Heißluftfritteuse bei 180 °C kurz erwärmen.

1. Die Süßkartoffeln schälen, abspülen, abtropfen lassen und in etwa 2 cm große Würfel schneiden. Die Kichererbsen in einem Sieb abspülen, gut abtropfen lassen und in eine Schüssel geben. Den Knoblauch abziehen und durch eine Knoblauchpresse in ein Schälchen drücken. 2 EL Olivenöl, 1 TL Kreuzkümmel und Chilipulver dazugeben und alles gut verrühren. Die Marinade kräftig mit Salz und Pfeffer würzen. Die Hälfte der Marinade zu den Kichererbsen geben und gründlich damit vermischen.

2. Die Heißluftfritteuse auf 200 °C einstellen, falls nötig vorheizen. Die Kichererbsen in den Frittierkorb geben und 3–5 Minuten rösten, bis sie aufzuplatzen beginnen. Die Temperatur auf 180 °C reduzieren und die Kichererbsen in weiteren 10–15 Minuten knusprig braun rösten, zwischendurch einmal durchrühren oder den Frittierkorb kräftig schütteln.

3. Inzwischen die Süßkartoffeln mit der übrigen Marinade mischen. Die Kichererbsen aus der Heißluftfritteuse auf einen Teller umfüllen. Die Süßkartoffeln in den Frittierkorb geben und in der Fritteuse bei gleicher Temperatur 12–15 Minuten garen, dabei zwischendurch einmal durchmischen.

4. Inzwischen die Paprikaschote halbieren, entstielen, entkernen und die weißen Scheidewände entfernen. Die Schoten abspülen, abtropfen lassen und in etwa 2 cm große Stücke schneiden. Den Sellerie putzen, abspülen und abtropfen lassen. Die Selleriestangen quer in dünne Scheiben schneiden. Die Tomaten abspülen, abtrocknen und jeweils halbieren.

5. Zitronensaft, Ahornsirup, übrigen Kreuzkümmel (1 TL), Zimt sowie etwas Salz und Pfeffer verrühren. Das übrige Öl (2 EL) kräftig unterschlagen. Paprika, Sellerie und Tomaten in einer Schüssel damit mischen und ziehen lassen.

6. Die Süßkartoffeln aus der Heißluftfritteuse nehmen und noch warm mit dem Salat mischen. Einen Teil der Kichererbsen ebenfalls untermischen, den Rest darüber verteilen. Den Salat nach Belieben mit Korianderblättern bestreuen. Noch warm servieren.

TOMATENSALAT

MIT FRITTIERTEN ARTISCHOCKEN

Zubereitungszeit: 25 Minuten
Garzeit: 8–12 Minuten je Frittiervorgang

ZUTATEN FÜR 4 PORTIONEN

Für den Salat:
1 TL mittelscharfer Senf
1 TL Ahornsirup
3 EL Aceto balsamico
5 EL Olivenöl
Salz
gem. Pfeffer
250 g abgetropfte weiße Bohnen (aus der Dose)
800 g Tomaten
1 rote Zwiebel
80 g Rucola (Rauke)
3 Stängel Basilikum

Für die Artischocken:
160 g abgetropfte Artischockenherzen, in Essig (aus dem Glas)
2 Eier (Größe M)
2 TL Aceto balsamico
Salz
gem. Pfeffer
60 g Weizenmehl (Type 405)
2 TL getrocknete italienische Kräuter
¼ TL Chilipulver
60 g Panko- oder Semmelbrösel (Paniermehl)
1 TL abger. Bio-Zitronenschale

Zusätzlich:
Speiseöl zum Bepinseln oder Besprühen

Pro Portion
E: 16 g, F: 19 g, Kh: 43 g, kcal: 423

1. Für den Salat den Senf mit Ahornsirup und Aceto balsamico gut verrühren, dann das Olivenöl kräftig unterschlagen. Das Dressing mit Salz und Pfeffer würzen. Die Bohnen in einem Sieb abspülen und abtropfen lassen. Die Tomaten abspülen, abtrocknen und die Stängelansätze herausschneiden. Die Tomaten in Spalten schneiden. Die Zwiebel abziehen, längs halbieren, dann die Hälften in ganz schmale Spalten oder Streifen schneiden. Den Rucola verlesen und dicke Stängel abschneiden. Den Rucola abspülen, gut abtropfen lassen oder trocken schleudern und eventuell etwas kleiner zupfen. Das Basilikum abspülen und trocken tupfen, die Blätter abzupfen und nach Belieben in Streifen schneiden.

2. Für die Artischocken die Artischockenherzen in einem Sieb abtropfen lassen, dann gründlich mit Küchenpapier trocken tupfen. Drei tiefe Teller nebeneinanderstellen. Die Eier in einem Teller verquirlen, Aceto balsamico Salz und Pfeffer unterrühren. Das Mehl in den zweiten Teller geben. 1 TL italienische Kräuter zwischen den Fingern fein zerreiben und mit dem Chilipulver unter das Mehl mischen. Panko- oder Semmelbrösel in den dritten Teller geben und mit den übrigen Kräutern und der Zitronenschale mischen.

3. Den Frittierkorb dünn mit Öl bepinseln oder besprühen. Die Artischockenstücke erst in der Mehlmischung wenden, überschüssiges Mehl abklopfen. Dann in den Eiern wenden, überschüssiges Ei abtropfen lassen. Zuletzt in den Panko- oder Semmelbröseln wenden, dabei die Panade leicht andrücken.

4. Die Heißluftfritteuse auf 180 °C einstellen, falls nötig vorheizen. Die Artischocken dünn mit Öl bepinseln oder besprühen und mit etwas Abstand zueinander in den Frittierkorb legen (falls nötig portionsweise nacheinander verarbeiten). Die Artischocken in der Fritteuse in 8–12 Minuten knusprig braun frittieren, dabei zwischendurch einmal wenden.

5. Inzwischen Tomaten, Bohnen, Zwiebel, Rucola und einen großen Teil des Basilikums in einer Schüssel mit dem Dressing vermischen. Den Salat auf Teller verteilen und die Artischocken darauf anrichten. Mit dem übrigen Basilikum bestreuen und servieren. Dazu passt frisches Ciabatta oder Baguette.

KARTOFFEL-KÜRBIS-PUFFER

MIT KÜRBISKERNÖLDIP

Zubereitungszeit: 30 Minuten
Garzeit: 7–10 Minuten je Frittiervorgang

ZUTATEN FÜR 4 PORTIONEN

Für den Dip:
2 Frühlingszwiebeln
400 g Schmand
1 TL Zitronensaft
2 TL Kürbiskernöl
½ TL Salz
1 Msp. Cayennepfeffer
1 Prise Zucker

Für die Puffer:
600 g festkochende Kartoffeln
2 Zwiebeln
400 g Kürbisfruchtfleisch, z. B. Hokkaido
1 ½ TL Salz
gem. Pfeffer
4 EL Speisestärke
4 EL kernige Haferflocken
4 EL Semmelbrösel (Paniermehl)
2 Eier (Größe M)
1 EL Speiseöl, z. B. Rapsöl

Zusätzlich:
Backpapier

Pro Portion
E: 13 g, F: 29 g, Kh: 53 g, kcal: 538

1. Für den Dip die Frühlingszwiebeln putzen, abspülen, abtropfen lassen und in feine Scheiben schneiden. Schmand, Zitronensaft, Kürbiskernöl, Salz, Cayennepfeffer und Zucker in eine Schüssel geben. Die Frühlingszwiebeln dazugeben und alles gut verrühren. Den Dip bis zum Servieren zugedeckt in den Kühlschrank stellen.

2. Für die Puffer die Kartoffeln schälen, abspülen und abtropfen lassen. Die Zwiebeln abziehen und jeweils vierteln. Kartoffeln, Zwiebeln und Kürbis mit einer Küchenreibe oder Küchenmaschine fein raspeln.

3. Kartoffel-, Zwiebel- und Kürbisraspel in eine Schüssel geben. Salz, 1 Prise Pfeffer, Speisestärke, Haferflocken, Semmelbrösel, Eier und Öl hinzufügen und alles gründlich vermischen.

4. Die Heißluftfritteuse auf 175 °C einstellen, falls nötig vorheizen. Drei bis vier Backpapierstücke in der Größe des Frittierkorbs zuschneiden und nebeneinander auf die Arbeitsfläche legen.

5. Aus der Puffermasse esslöffelgroße Portionen auf die Backpapierstücke setzen und etwas flach drücken. Die Puffer nacheinander frittieren. Dafür je ein Backpapierstück mit Puffermasse in den Frittierkorb legen. Die Puffer in der Heißluftfritteuse 7–10 Minuten goldgelb frittieren, dabei zwischendurch einmal wenden.

6. Fertige Puffer mit dem Backpapier vorsichtig aus dem Frittierkorb heben und warm stellen. Auf diese Weise alle Puffer frittieren. Die Puffer mit dem Dip servieren.

GRIECHISCHER SALAT

MIT FALAFELN

Zubereitungszeit: 25 Minuten
Garzeit: 6–8 Minuten je Frittiervorgang

ZUTATEN FÜR 4 PORTIONEN

Für die Falafeln:
265 g abgetropfte Kichererbsen (aus der Dose)
1 Ei (Größe M)
1 Eigelb (Größe M)
1 Bund Petersilie
1 Zwiebel
1 Knoblauchzehe
2 EL Semmelbrösel (Paniermehl)
1 TL Chiliflocken
½ TL gem. Kreuzkümmel (Cumin)
4 EL Olivenöl
Salz
gem. Pfeffer

Für den Salat:
3 Mini-Romanasalate (je etwa 100 g)
½ Salatgurke (etwa 200 g)
200 g Tomaten
1 kleine gelbe Paprikaschote
50 g schwarze Oliven, ohne Stein
3 EL Weißweinessig
Salz
gem. Pfeffer
3 EL Olivenöl

Zusätzlich:
Speiseöl zum Bepinseln oder Besprühen

Pro Portion
E: 10 g, F: 27 g, Kh: 20 g, kcal: 386

1. Für die Falafeln die Kichererbsen in ein Sieb abgießen, kalt abspülen und gut abtropfen lassen. Zusammen mit Ei und Eigelb in einen hohen Rührbecher geben und mit einem Stabmixer fein pürieren.

2. Die Petersilie abspülen und trocken tupfen, die Blätter abzupfen und klein schneiden. Zwiebel und Knoblauch abziehen, beides in feine Würfel schneiden.

3. Die Hälfte der Petersilie (Rest für das Salatdressing beiseitestellen), Zwiebel- und Knoblauchwürfel, Semmelbrösel, Chiliflocken, Kreuzkümmel und Olivenöl zum Kichererbsenpüree geben, alles gründlich vermischen und mit Salz und Pfeffer würzen. Aus dem Teig mit angefeuchteten Händen etwa 16 tischtennisgroße Bällchen formen und diese etwas flach drücken.

4. Für den Salat die Romanasalate putzen und die äußeren welken Blätter entfernen. Den Strunk abschneiden. Den Salat gründlich abspülen, gut abtropfen lassen und grob zerpflücken. Die Gurke abspülen und abtrocknen (nach Belieben schälen), das Ende abschneiden. Die Gurke längs halbieren, die Hälften quer in etwa ½ cm dicke Scheiben schneiden.

5. Die Tomaten abspülen, abtrocknen und die Stängelansätze herausschneiden. Die Tomaten in Scheiben schneiden. Die Paprikaschote halbieren, entstielen, entkernen und die weißen Scheidewände entfernen. Die Schote abspülen und die Hälften in feine Streifen schneiden. Die Oliven jeweils vierteln. Alle Salatzutaten in einer Salatschüssel mischen.

6. Den Essig mit je 1 Prise Salz und Pfeffer verrühren, das Olivenöl gründlich unterschlagen. Die restliche Petersilie hinzufügen. Das Dressing mit den Salatzutaten vermengen. Den Salat mit Salz und Pfeffer abschmecken.

7. Die Heißluftfritteuse auf 175 °C einstellen, falls nötig vorheizen. Die Falafeln rundum mit Öl bepinseln oder besprühen und in den Frittierkorb legen (falls nötig portionsweise nacheinander verarbeiten). In der Fritteuse in 6–8 Minuten goldbraun frittieren, dabei einmal wenden. Die Falafeln auf dem Salat anrichten.

KÄSE-KARTOFFEL-BURGER

MIT RÖSTGEMÜSE

Zubereitungszeit: 25 Minuten
Garzeit: 9–11 Minuten je Frittiervorgang (Pattys) plus 5–6 Minuten (Gemüse)

ZUTATEN FÜR 4 PORTIONEN

Für die Pattys:
2–3 Zwiebeln
2 Knoblauchzehen
1–2 mehligkochende Kartoffeln (etwa 150 g), weich gekocht
150 g ger. Bergkäse
80 g Magerquark
40 g Hartweizengrieß
2 EL Speisestärke
2 TL getrocknete Kräuter der Provence
Salz
gem. Pfeffer

Für die Burger:
1 rote Zwiebel
1 rote Spitzpaprikaschote
8 Cocktailtomaten
1 EL Olivenöl
Salz
gem. Pfeffer
Cayennepfeffer
8 Salatblätter, z. B. Kopfsalat
4 Burger-Brötchen
8 EL Barbecuesauce
8 EL abgetropfter Mais-Bohnen-Mix (aus der Dose)

Zusätzlich:
Speiseöl zum Bepinseln oder Besprühen

Pro Portion
E: 24 g, F: 26 g, Kh: 92 g, kcal: 634

1. Für die Pattys Zwiebeln und Knoblauch abziehen und in feine Würfel schneiden. Die Kartoffeln pellen und auf einer Küchenreibe fein raspeln.

2. Zwiebeln, Knoblauch und Kartoffeln in eine Schüssel geben. Käse, Quark, Grieß, Speisestärke und Kräuter der Provence dazugeben. Alles gründlich vermischen und die Masse mit Salz und Pfeffer würzen. Dann aus der Masse mit angefeuchteten Händen vier gleich große Pattys formen.

3. Die Heißluftfritteuse auf 185 °C einstellen, falls nötig vorheizen. Den Frittierkorb mit Öl bepinseln oder besprühen. Die Pattys hineinlegen und auf der Oberfläche mit etwas Öl bepinseln oder besprühen (falls nötig portionsweise nacheinander verarbeiten). Die Pattys 9–11 Minuten garen, dabei zwischendurch einmal wenden.

4. Inzwischen für die Burger die Zwiebel abziehen, in dünne Scheiben schneiden und diese in Ringe teilen. Die Paprikaschote halbieren, entstielen, entkernen und die weißen Scheidewände entfernen. Die Schotenhälften abspülen, abtropfen lassen und in Streifen schneiden. Die Tomaten abspülen, abtrocknen und jeweils halbieren. Das Gemüse in einer Schüssel mit dem Olivenöl mischen, mit Salz, Pfeffer und Cayennepfeffer würzen.

5. Die fertigen Pattys aus dem Frittierkorb nehmen und zugedeckt warm stellen (oder direkt vor dem Belegen der Brötchen nochmals kurz in der Heißluftfritteuse erwärmen). Die Gemüsemischung in den Frittierkorb geben. Die Heißluftfritteuse auf 185 °C einstellen und das Gemüse darin 5–6 Minuten garen.

6. Die Salatblätter abspülen und gründlich abtrocknen. Die Brötchen in Hälften teilen, nach Belieben rösten und mit Barbecuesauce bestreichen. Die unteren Brötchenhälften jeweils mit Salatblättern, Mais-Bohnen-Mix und je einem Patty belegen. Das gegarte Gemüse darauf verteilen. Die oberen Brötchenhälften daraufsetzen und leicht andrücken.

POLENTASTICKS

MIT GEMÜSE

Zubereitungszeit: 40 Minuten
Kühlzeit: 5 Stunden
Garzeit: 15–20 Minuten je Frittiervorgang (Polenta) plus 15–20 Minuten (Gemüse)

ZUTATEN FÜR 4 PORTIONEN

Für die Polentasticks:
5 Zweige Thymian
500 ml Gemüsebrühe
180 g Instant-Polenta (Maisgrieß)

Für das Gemüse:
150 g grüne Bohnen
2 große rote Paprikaschoten (je etwa 250 g)
2 Zucchini (je etwa 200 g)
1 große Fenchelknolle (etwa 350 g)
1 große rote Zwiebel
2 Knoblauchzehen
3 EL Olivenöl
1 TL getrocknete italienische Kräuter
¾ TL Fenchelsamen
Salz
gem. Pfeffer

Zusätzlich:
kleine Auflaufform (etwa 16 × 16 cm)
Olivenöl zum Bepinseln oder Besprühen

Pro Portion
E: 9 g, F: 13 g, Kh: 45 g, kcal: 355

TIPP: Keine Fenchelsamen im Haus? Dafür aber vielleicht Fencheltee in Beuteln? Perfekt, dann einfach den Beutel aufschneiden und die Fenchelsamen daraus verwenden!

1. Für die Polentasticks den Thymian abspülen und trocken tupfen, die Blättchen abzupfen und fein hacken. Die Brühe mit Thymian in einem Topf aufkochen. Die Polenta einrühren und bei kleiner Hitze unter Rühren 5–7 Minuten garen und ausquellen lassen. Die Polenta lauwarm abkühlen lassen. Die Form dünn mit Öl auspinseln, die Polenta gleichmäßig darin verteilen und festdrücken, dabei oben glatt drücken. Die Masse vollständig abkühlen lassen, dann im Kühlschrank zugedeckt etwa 5 Stunden durchkühlen lassen.

2. Für das Gemüse von den Bohnen die Enden abschneiden, die Bohnen eventuell abfädeln. Die Bohnen abspülen, in kochendem Wasser 5–10 Minuten blanchieren, eiskalt abschrecken und in einem Sieb abtropfen lassen.

3. Während die Bohnen garen, die Paprikaschoten halbieren, entstielen, entkernen und die weißen Scheidewände entfernen. Die Schoten abspülen, abtropfen lassen und jede Hälfte in etwa 2 cm große Stücke schneiden. Die Zucchini abspülen, abtrocknen und die Enden abschneiden. Die Zucchini der Länge nach vierteln, die Viertel in etwa 1 cm dicke Stücke schneiden. Den Fenchel putzen, abspülen, abtropfen lassen und vierteln. Den Strunk keilförmig herausschneiden, dann den Fenchel in etwa 1 cm breite Spalten schneiden. Die Zwiebel abziehen, längs vierteln und die Viertel in einzelne Stücke teilen.

4. Das gesamte vorbereitete Gemüse in eine Schüssel geben. Den Knoblauch abziehen und durch eine Knoblauchpresse dazudrücken. Öl, italienische Kräuter, Fenchelsamen, Salz und Pfeffer dazugeben und alles gut mischen.

5. Die Polenta auf ein Brett stürzen und in etwa 8 cm lange, etwa 2 cm dicke Streifen (Sticks) schneiden, diese rundum dünn mit Öl bepinseln oder besprühen. Die Heißluftfritteuse auf 180 °C einstellen, falls nötig vorheizen. Die Polentasticks mit etwas Abstand zueinander in den Frittierkorb legen (falls nötig portionsweise nacheinander verarbeiten). In der Fritteuse etwa 10 Minuten frittieren, dann wenden und in weiteren 5–10 Minuten knusprig goldgelb frittieren. Die Sticks warm stellen, z. B. bei 90 °C im Backofen.

6. Das Gemüse in den Frittierkorb geben. In der Fritteuse bei 180 °C 15–20 Minuten garen und leicht bräunen, dabei zwischendurch einoder zweimal durchrühren. Mit den Polentasticks anrichten.

PIKANTE KNABBEREIEN

Kleine Extras zum Aufpeppen

Als kleine Extrabeilage, Topping oder solo zum Knabbern: Diese Kleinigkeiten aus der Heißluftfritteuse bringen einen knusprigen Kontrast auf den Teller, verleihen einem sonst eher gewöhnlichen Essen den letzten Kick und sorgen bei Familie und Gästen für einen Wow-Effekt. Die Vorbereitung geht fix, den Rest übernimmt der Airfryer.

PASTACHIPS

Für 4 Portionen **100 g Farfalle (Schmetterlingsnudeln)** in Salzwasser nach Packungsanleitung bissfest kochen. In ein Sieb abgießen, kalt abspülen und abtropfen lassen. Die Farfalle in einer Schüssel mit **1–2 EL Olivenöl, 1 TL Knoblauchgranulat** und **20 g fein ger. Hartkäse** (z. B. alter Gouda oder Montello) mischen. Die Nudeln in den Frittierkorb der Heißluftfritteuse geben, es sollten maximal zwei Nudelschichten übereinanderliegen (falls nötig portionsweise nacheinander verarbeiten). Die Heißluftfritteuse auf 180 °C einstellen. Die Nudeln in der Fritteuse in 10–15 Minuten knusprig frittieren, dabei zwischendurch mehrmals durchschütteln oder mit einem Kochlöffel mischen. Herausnehmen und warm oder kalt servieren. Wer die Chips pur als Knabberei serviert, kann mit Salz und Pfeffer gewürzten Schmand dazu reichen. (Pro Portion: E: 5 g, F: 10 g, Kh: 17 g, kcal: 176)

GEMÜSECHIPS

Für 4 Portionen **1 Petersilienwurzel (etwa 150 g)** und **1 Süßkartoffel (etwa 250 g)** putzen, schälen, abspülen und trocken tupfen. Das Gemüse mit dem Gemüsehobel oder einem Sparschäler in dünne Scheiben bzw. Streifen schneiden. Das Gemüse getrennt voneinander in Schüsseln geben. Je **2 EL Erdnussöl** darauf verteilen und alles vorsichtig vermengen, bis das Gemüse mit einer dünnen Ölschicht überzogen ist. Die Heißluftfritteuse auf 180 °C einstellen. Das Gemüse in den Frittierkorb legen, es sollte sich möglichst nicht überlappen (falls nötig portionsweise nacheinander verarbeiten). In der Fritteuse in etwa 20 Minuten knusprig frittieren, dabei zwischendurch mehrmals durchschütteln. Herausnehmen und mit **Salz** würzen. (Pro Portion: E: 2 g, F: 6 g, Kh: 17 g, kcal: 127)

MÖHRENSTICKS

Für 2 Portionen (als Snack) bzw. 4 Portionen (als kleines Extra, z. B. zu Salat) **200 g Bundmöhren (etwa 7 cm lang)** putzen, schälen, abspülen und längs halbieren oder vierteln. **2 Zweige Thymian** abspülen und trocken tupfen, die Blättchen abzupfen und fein hacken. Ein Backpapierstück in der Größe des Frittierkorbs zuschneiden, mit **etwa 5 g zerlassener Butter** bestreichen. **Etwa 30 g fein ger. Hartkäse (z. B. alter Gouda oder Montello)** und **Thymian** daraufstreuen. Die Möhren jeweils mit der Schnittfläche nach unten darauflegen und auf der Oberfläche mit **etwa 5 g zerlassener Butter** bestreichen. Die Heißluftfritteuse auf 180 °C einstellen. Das Backpapier mit den Möhren in den Frittierkorb legen. Die Möhren in der Fritteuse etwa 15 Minuten garen, dabei eventuell einmal wenden. Herausnehmen und etwa 10 Minuten abkühlen lassen. (Bei 2 Portionen je: E: 6 g, F: 10 g, Kh: 7 g, kcal: 68)

PASTA ALLA NORMA

MIT MOZZARELLA

Zubereitungszeit: 30 Minuten
Koch- und Garzeit: 15–20 Minuten

ZUTATEN FÜR 4 PORTIONEN

2 Knoblauchzehen
4 EL Olivenöl
100 ml Weißwein oder Gemüsebrühe
400 g Cherrytomaten (aus der Dose; „Pomodorini")
⅓ TL gerebelter Oregano
Salz
gem. Pfeffer
2 kleine Auberginen (je etwa 200 g)
1 Zucchini (etwa 250 g)
400 g kurze Röhrennudeln, z. B. Penne oder Tortiglioni
250 g abgetropfter (Büffel-)Mozzarella
4 Stängel Basilikum

Pro Portion
E: 26 g, F: 25 g, Kh: 80 g, kcal: 690

AROMATIPP: Pasta alla Norma – Nudeln mit Tomatensauce und frittierten bzw. in viel Öl gebratenen Auberginen – ist ein italienischer Klassiker. Mit der Heißluftfritteuse lässt sich hier deutlich Öl und damit Fett sparen. Da Fett aber auch Aroma bringt, kann, wer will, das Gemüse nach dem Wenden nochmals dünn mit Öl bepinseln – trotzdem ist das Gericht dann immer noch deutlich „schlanker" als das Original.

1. Für die Sauce den Knoblauch abziehen und fein würfeln. 2 EL Öl in einem Topf erhitzen, den Knoblauch darin andünsten. Mit Wein oder Brühe ablöschen und die Flüssigkeit bei mittlerer Hitze offen fast vollständig einkochen. Die Tomaten dazugeben und eventuell leicht mit einer Gabel andrücken. Die Sauce mit Oregano, Salz und Pfeffer würzen und offen bei kleiner bis mittlerer Hitze in 15–20 Minuten sämig einkochen.

2. Inzwischen Auberginen und Zucchini abspülen und abtrocknen. Stielansätze und Enden abschneiden. Die Auberginen der Länge nach vierteln und quer in etwa 1½ cm breite Stücke schneiden. Die Zucchini längs vierteln und dann quer in knapp 3 cm breite Stücke schneiden. Beides in einer Schüssel mit dem restlichen Öl (2 EL) mischen, leicht mit Salz und Pfeffer würzen.

3. Die Heißluftfritteuse auf 180 °C einstellen, falls nötig vorheizen. Das Gemüse in den Frittierkorb geben und in 10–15 Minuten leicht braun, aber nicht zu weich garen. Dabei nach der Hälfte der Garzeit einmal durchrühren und gegen Ende den Garzustand in kürzeren Abständen kontrollieren.

4. Inzwischen Wasser in einem großen Topf zugedeckt zum Kochen bringen. Dann Salz und Nudeln dazugeben. Die Nudeln im geöffneten Topf bei mittlerer Hitze nach Packungsanleitung bissfest kochen, dabei gelegentlich umrühren. Anschließend die Nudeln in ein Sieb abgießen und abtropfen lassen.

5. Inzwischen das Gemüse aus der Fritteuse in die Tomatensauce geben und alles bei kleiner Hitze 2–4 Minuten köcheln. Nach Belieben ein paar Esslöffel Nudelkochwasser dazugeben. Den Mozzarella mit den Fingern in Stücke zupfen. Das Basilikum abspülen und trocken tupfen, die Blätter abzupfen und grob mit den Fingern zerrupfen oder in Streifen schneiden.

6. Die Nudeln mit der Sauce mischen und auf Teller verteilen. Mozzarella und Basilikum daraufgeben, nach Belieben Pfeffer grob darübermahlen. Sofort servieren.

FRITTIERTE RAVIOLI

MIT TOMATENSAUCE

Zubereitungszeit: 25 Minuten
Garzeit: 15 Minuten (Sauce und Nudeln) plus 5–7 Minuten je Frittiervorgang

ZUTATEN FÜR 4 PORTIONEN

Für die Tomatensauce:
1 Zwiebel
1 Knoblauchzehe
1 EL abgetropfte Kapern (aus dem Glas)
2 EL Olivenöl
400 g stückige Tomaten (aus der Dose)
Salz
gem. Pfeffer
1 TL gerebelter Oregano
1 Prise Zucker

Für die Ravioli:
400 g vegetarisch gefüllte Ravioli (aus der Kühltheke), z. B. Quattro Formaggi oder Ricotta-Spinat
Salz
etwa 50 g alter Gouda oder Parmesan (mit Parmesan nicht vegetarisch), am Stück
3 Eier (Größe M)
gem. Pfeffer
4 EL Weizenmehl (Type 405)
etwa 100 g Semmelbrösel (Paniermehl)
1 TL gerebelter Oregano

Zusätzlich:
Olivenöl zum Bepinseln oder Besprühen

Pro Portion
E: 24 g, F: 28 g, Kh: 58 g, kcal: 587

1. Für die Sauce Zwiebel und Knoblauch abziehen und getrennt fein würfeln. Die Kapern fein hacken. Das Olivenöl in einem Topf erhitzen, die Zwiebeln darin goldgelb andünsten. Den Knoblauch dazugeben und kurz mitdünsten. Dann die Tomaten und Kapern dazugeben, die Sauce mit Salz, Pfeffer und Oregano würzen. Alles offen bei mittlerer Hitze etwa 15 Minuten köcheln, am Ende mit dem Zucker abschmecken. Die Sauce nach Belieben mit einem Stabmixer fein pürieren. Zugedeckt bei kleiner Hitze warm halten.

2. Während die Sauce köchelt, für die Ravioli Wasser in einem großen Topf zugedeckt zum Kochen bringen. Salz (etwa 1 TL pro 1 l Wasser) und Ravioli dazugeben. Die Ravioli nach Packungsanleitung bissfest kochen, dabei gelegentlich umrühren. Anschließend in ein Sieb abgießen, mit heißem Wasser abspülen, abtropfen lassen und auf einem sauberen Küchentuch nebeneinander auslegen. Trocken tupfen und leicht abkühlen lassen.

3. Inzwischen den Käse fein reiben. Drei tiefe Teller nebeneinanderstellen. Die Eier in einem Teller verquirlen, leicht mit Salz und Pfeffer würzen. Das Mehl in einen zweiten Teller geben. Käse und Semmelbrösel in den dritten Teller geben, den Oregano zwischen den Fingern dazubröseln und alles mischen.

4. Den Frittierkorb dünn mit Öl bepinseln oder besprühen. Die Ravioli einzeln zuerst im Mehl wenden, überschüssiges Mehl abschütteln. In den Eiern wenden, überschüssiges Ei abtropfen lassen. Zuletzt in der Bröselmischung wenden und diese leicht andrücken.

5. Die Heißluftfritteuse auf 180 °C einstellen, falls nötig vorheizen. Die Ravioli dünn mit Öl bepinseln oder besprühen und mit etwas Abstand zueinander in den Frittierkorb legen (falls nötig portionsweise nacheinander verarbeiten). Die Ravioli in der Fritteuse in 5–7 Minuten knusprig braun frittieren, dabei zwischendurch einmal wenden. Fertige Ravioli bei 90 °C im Backofen warm halten oder am Ende nochmals zusammen in der Fritteuse erwärmen. Die Ravioli mit der Tomatensauce zum Dippen servieren.

BEILAGENTIPP: Zu den knusprigen Ravioli passt ein grüner Blattsalat (s. S. 54), nach Belieben mit Gurkenscheiben.

GEFÜLLTE SPITZPAPRIKA

MIT KRÄUTERREIS

Zubereitungszeit: 30 Minuten
Garzeit: 15–20 Minuten je Frittiervorgang

ZUTATEN FÜR 4 PORTIONEN

Für die Paprika:
8 kleine rote Spitzpaprikaschoten (je etwa 100 g)
1 Zwiebel
1 Knoblauchzehe
3 EL Olivenöl
⅓ TL gerebelter Oregano
Salz
gem. Pfeffer
3 EL gehackte glatte Petersilie
2 EL gehackte Minze
200 g Fetakäse (Schafskäse)
150 g Mascarpone (italienischer Frischkäse)
2 Eigelb (Größe M)

Für den Reis:
250 g Langkornreis
Salz
4 Frühlingszwiebeln
2 EL Olivenöl
2 EL gehackte glatte Petersilie
2 EL gehackter Dill

Pro Portion
E: 14 g, F: 39 g, Kh: 8 g, kcal: 456

BEILAGENTIPP: Als Beilage passt auch Reis pur (dann alle Paprikawürfel mit in die Füllung geben) oder Couscous.

1. Die Paprikaschoten so auf ein Brett legen, dass sie gut liegen bleiben, dann mit einem Messer oben längs ein keilförmiges Stück – am Stielansatz breit und bis zur Spitze schmal auslaufend – herausschneiden, sodass sich die Schoten füllen lassen. Dann die Schoten vorsichtig entkernen und die weißen Scheidewände entfernen. Die Schoten abspülen, abtropfen lassen und trocken tupfen. Das anfangs abgeschnittene Fruchtfleisch in sehr kleine Würfel schneiden.

2. Zwiebel und Knoblauch abziehen und getrennt fein würfeln. In einer kleinen Pfanne 2 EL Olivenöl erhitzen, die Zwiebel darin goldgelb dünsten. Knoblauch und die Hälfte der Paprikawürfel dazugeben (die andere Hälfte für den Reis beiseitestellen). Alles unter Rühren 3–5 Minuten braten. Mit Oregano, Salz und Pfeffer würzen, dann Petersilie und Minze dazugeben und unter Rühren gerade zusammenfallen lassen. Die Pfanne von der Kochstelle nehmen und das Gemüse etwas abkühlen lassen.

3. Inzwischen den Feta fein zerbröckeln und in eine Schüssel geben. Mascarpone, Eigelb und übriges Olivenöl (1 EL) dazugeben und alles mit einem Schneebesen glatt verrühren. Die leicht abgekühlte Gemüsemischung unterrühren. Mit Salz und Pfeffer abschmecken. Die Käsecreme gleichmäßig in die Paprikaschoten verteilen und gut darin festdrücken.

4. Die Heißluftfritteuse auf 150 °C einstellen, falls nötig vorheizen. Die Schoten nebeneinander in den Frittierkorb legen (falls nötig portionsweise nacheinander verarbeiten). In der Fritteuse 15–20 Minuten garen, dabei eventuell gegen Ende die Temperatur auf 200 °C erhöhen, sodass die Paprika leicht bräunen.

5. Inzwischen für den Reis den Langkornreis nach Packungsanleitung in Salzwasser garen. Die Frühlingzwiebeln putzen, abspülen, abtropfen lassen und in feine Scheiben schneiden, diese in Ringe teilen. Das Olivenöl in einer Pfanne erhitzen, beiseitegestellte Paprikawürfel und Frühlingszwiebeln darin 3–5 Minuten leicht bissfest braten. Den Reis in ein Sieb abgießen und abtropfen lassen. Dann mit gebratenem Gemüse, Petersilie und Dill mischen. Gefüllte Paprikaschoten mit dem Reis auf Tellern anrichten oder den Reis in einer Schüssel dazu reichen.

QUETSCHKARTOFFELN

MIT AVOCADOCREME

Zubereitungszeit: 20 Minuten
Kochzeit (Kartoffeln): 15–20 Minuten
Garzeit: 15–20 Minuten je Frittiervorgang

ZUTATEN FÜR 4 PORTIONEN

Für die Quetschkartoffeln:
1 kg kleine, vorwiegend festkochende Kartoffeln
Salz
20 g Butter
1 Knoblauchzehe
2 EL Olivenöl
¾ TL Paprikapulver edelsüß
⅓ TL gerebelter Majoran
gem. Pfeffer

Für die Avocadocreme:
2 reife Avocados
Saft von 1 Limette
¾ TL gem. Kreuzkümmel (Cumin)
Salz
gem. Pfeffer
5 Tomaten
1 Bund Frühlingszwiebeln

Zum Anrichten:
100 g Fetakäse (Schafskäse)
gem. Pfeffer

Zusätzlich:
Olivenöl zum Bepinseln oder Besprühen

Pro Portion
E: 13 g, F: 36 g, Kh: 45 g, kcal: 579

TIPP: Wer die Kartoffeln in der Fritteuse vorgaren möchte: Saubere Kartoffeln darin bei 200 °C etwa 20–25 Minuten garen. Hier ist aber der Topf schneller, und die Kartoffeln trocknen in Wasser nicht ganz so aus.

1. Für die Quetschkartoffeln die Kartoffeln unter fließendem Wasser abbürsten. In einem Topf knapp mit Wasser bedecken und zugedeckt zum Kochen bringen, dann etwas Salz hinzufügen. Die Kartoffeln in 15–20 Minuten gar kochen. Sie sollten sich gerade eben ohne Widerstand mit einem spitzen Messer einstechen lassen.

2. Inzwischen die Heißluftfritteuse auf 160 °C einstellen (Vorheizen nicht nötig). Die Butter in einem hitzebeständigen Schälchen in der Heißluftfritteuse in 3–5 Minuten zerlassen. Den Knoblauch abziehen und durch eine Knoblauchpresse zur Butter drücken. Olivenöl, Paprikapulver und Majoran unterrühren, mit Salz und Pfeffer würzen.

3. Die Kartoffeln abgießen und kurz ausdampfen lassen. Dann auf ein Brett legen und mit einem Stampfer (oder dem geraden Boden eines Glases) auf gut 2 cm Höhe flach drücken – dabei platzt die Schale auf und das Innere quillt etwas nach außen.

4. Den Frittierkorb mit etwas Öl bepinseln oder besprühen. Die Kartoffeln beidseitig mit dem Würzöl bepinseln und nebeneinander in den Frittierkorb legen (falls nötig portionsweise nacheinander verarbeiten). Die Fritteuse auf 200 °C einstellen und die Kartoffeln darin in 15–20 Minuten goldbraun rösten, dabei nach der Hälfte der Zeit einmal wenden.

5. Inzwischen für die Avocadocreme die Avocados halbieren und jeweils den Kern entfernen. Das Fruchtfleisch mit einem Löffel aus der Schale lösen, in eine Schüssel geben, mit 2 EL Limettensaft beträufeln und mit einer Gabel fein zerdrücken. Das Avocadomus mit Kreuzkümmel, Salz und Pfeffer würzen und eventuell mit etwas Limettensaft abschmecken.

6. Die Tomaten abspülen, abtrocknen, halbieren und die Stängelansätze herausschneiden. Die Tomaten in kleine Würfel schneiden. Die Frühlingszwiebeln putzen, abspülen, abtropfen lassen und in feine Ringe schneiden. Etwa die Hälfte der Frühlingszwiebeln unter die Avocadocreme rühren.

7. Die Kartoffeln auf einer Platte oder auf Tellern anrichten. Die Avocadocreme löffelweise daraufgeben, mit Tomatenwürfeln und übrigen Frühlingszwiebeln bestreuen. Den Feta darüberbröckeln. Nach Belieben mit etwas Pfeffer bestreuen.

HALLOUMISPIESSE

MIT COUSCOUS

Zubereitungszeit: 25 Minuten
Kochzeit (Couscous): 12–13 Minuten
Garzeit: 8–12 Minuten je Frittiervorgang

ZUTATEN FÜR 4 PORTIONEN

Für die Spieße:
250 g Halloumi (halbfester Käse aus Zypern)
1 kleine rote Paprikaschote
1 kleine Zucchini
4 braune Champignons
2 kleine rote Zwiebeln
1 Knoblauchzehe
3 ½ EL Olivenöl
1 TL Zitronensaft
1 TL gerebelter Oregano
½ TL Pul biber (türkisches Gewürz; milde Sorte)
Salz
gem. Pfeffer

Für den Couscous:
250 g Couscous
Salz
1 TL Butter
120 g Cocktail- oder kleine Datteltomaten
½ Bund glatte Petersilie

Zusätzlich:
8 Holz- oder Metallspieße, die in die Heißluftfritteuse passen

Pro Portion
E: 24 g, F: 27 g, Kh: 48 g, kcal: 555

1. Für die Spieße den Halloumi trocken tupfen und in 24 etwa gleich große und dicke Stücke schneiden. Die Paprikaschote halbieren, entstielen, entkernen und die weißen Scheidewände entfernen. Die Schote abspülen, abtropfen lassen und in Stücke schneiden, die etwa so groß sind wie die Halloumi-Stücke. Die Zucchini abspülen, abtrocknen und die Enden abschneiden. Die Zucchini der Länge nach halbieren, die Hälften quer in knapp 1 cm dicke Scheiben schneiden. Die Champignons putzen, eventuell kurz abspülen und trocken tupfen, dann halbieren. Die Zwiebeln abziehen und längs vierteln, die Viertel in einzelne Stücke teilen.

2. Das Gemüse mit dem Halloumi in bunter Reihenfolge auf die Spieße stecken, dabei immer etwas mehr Zwiebeln dazwischen aufstecken und am besten mit einem halben Champignon abschließen.

3. Den Knoblauch abziehen und durch eine Knoblauchpresse in eine kleine Schüssel drücken. Mit dem Olivenöl, Zitronensaft, Oregano und Pul biber verrühren, mit Salz und Pfeffer würzen. Die Spieße rundum damit bepinseln und kurz ziehen lassen.

4. Für den Couscous diesen in einen Topf geben. Mit 250 ml kochendheißem Wasser übergießen, leicht salzen, durchrühren und zugedeckt bei kleiner Hitze etwa 10 Minuten quellen lassen. Die Butter untermischen, den Couscous weitere 2–3 Minuten ziehen lassen.

5. Inzwischen die Heißluftfritteuse auf 200 °C einstellen, falls nötig vorheizen. Die Spieße nebeneinander in den Frittierkorb legen (falls nötig portionsweise nacheinander verarbeiten). Die Spieße in der Fritteuse 8–12 Minuten garen, bis der Halloumi gebräunt ist, dabei zwischendurch einmal wenden.

6. In der Zwischenzeit die Tomaten abspülen, abtrocknen und jeweils halbieren oder vierteln. Die Petersilie abspülen und trocken tupfen, die Blätter abzupfen und in Streifen schneiden. Die Tomaten unter den Couscous heben und kurz warm werden lassen. Die Petersilie unterheben. Den Couscous mit den Spießen auf Tellern anrichten.

BLUMENKOHL

MIT ROMESCOSAUCE

Zubereitungszeit: 30 Minuten
Garzeit: 24–33 Minuten

ZUTATEN FÜR 4 PORTIONEN

Für die Romescosauce:
2 große rote Paprikaschoten
2 Tomaten
2 Knoblauchzehen
5 EL Olivenöl
Salz
gem. Pfeffer
50 g Rauchmandeln (Fertigprodukt)
2 EL Sherry- oder Rotweinessig

Für den Blumenkohl:
1 großer Blumenkohl (geputzt etwa 700 g)
2 ½ EL Olivenöl
½ TL gem. Kurkuma
½ TL Paprikapulver edelsüß
Salz
gem. Pfeffer

Zusätzlich:
3 EL grob gehackte Petersilie
evtl. 3 EL gehobelte Mandeln

Pro Portion
E: 10 g, F: 28 g, Kh: 8 g, kcal: 356

BEILAGENTIPP: Dazu passt frisches Baguette oder Ciabatta.

1. Für die Romescosauce die Paprikaschoten halbieren, entstielen, entkernen und die weißen Scheidewände entfernen. Die Schoten abspülen, abtropfen lassen und längs in etwa 1 cm breite Streifen schneiden. Die Tomaten abspülen, abtrocknen, halbieren und die Stängelansätze herausschneiden. Die Kerne mit einem Löffel entfernen. Den Knoblauch abziehen und in Scheiben schneiden.

2. Die Heißluftfritteuse auf 200 °C einstellen, falls nötig vorheizen. Die Paprikastreifen mit 1 EL Olivenöl mischen, salzen, pfeffern und in den Frittierkorb geben. Die Paprika in der Fritteuse 7–10 Minuten braten, den Knoblauch dazugeben und alles einmal durchrühren. Die Tomaten mit den Schnittflächen nach oben dazwischenlegen und alles 5–8 Minuten weitergaren, bis die Paprika weich und leicht gebräunt sind. Das Gemüse in eine Schüssel geben und lauwarm abkühlen lassen.

3. Inzwischen für den Blumenkohl von diesem die Blätter entfernen und den Strunk abschneiden. Den Blumenkohl in mundgerechte Röschen teilen, abspülen und abtropfen lassen. Olivenöl, Kurkuma, Paprikapulver, Salz und Pfeffer in einer Schüssel verrühren. Die Blumenkohlröschen gründlich darin wenden.

4. Die Heißluftfritteuse auf 175 °C einstellen. Den Blumenkohl in den Frittierkorb geben und in der Fritteuse etwa 10 Minuten garen, dabei nach etwa der Hälfte der Zeit durchmischen. Die Temperatur auf 200 °C erhöhen und den Blumenkohl noch 2–5 Minuten braten, bis er leicht gebräunt ist. Dabei zwischendurch kontrollieren, damit er nicht verbrennt.

5. Während der Blumenkohl gart, Paprika, Tomaten und Knoblauch zusammen mit den Mandeln, übrigem Öl (4 EL) und 1 EL Essig in einen hohen Rührbecher geben. Die Zutaten mit einem Stabmixer nach Belieben mehr oder weniger fein pürieren, dabei eventuell löffelweise Wasser dazugeben, bis eine dicke Sauce entstanden ist. Die Sauce mit Salz, Pfeffer und restlichem Essig abschmecken.

6. Die Romescoauce auf einer Platte verteilen und die Blumenkohlröschen darauf anrichten. Mit Petersilie und nach Belieben gehobelten Mandeln bestreuen.

WÜRZIGER KÜRBIS

MIT HUMMUS

Zubereitungszeit: 45 Minuten
Garzeit: 9–15 Minuten

ZUTATEN FÜR 4 PORTIONEN

Für den Kürbis:
1 Hokkaido-Kürbis (etwa 1 kg)
1 Knoblauchzehe
2 EL Olivenöl
1 TL gem. Kreuzkümmel (Cumin)
½ TL gem. Zimt
3 Msp. Chilipulver
Salz
gem. Pfeffer
2 Frühlingszwiebeln

Für den Hummus:
480 g abgetropfte Kichererbsen (aus der Dose)
3 EL Tahin (Sesammus)
Saft von 1 Zitrone
3 EL Olivenöl
1 TL gem. Kreuzkümmel (Cumin)
½ TL Paprikapulver edelsüß
Salz
gem. Pfeffer

Pro Portion
E: 12 g, F: 21 g, Kh: 28 g, kcal: 381

1. Für den Kürbis den Hokkaido-Kürbis abspülen, abtrocknen und halbieren. Die Kerne und den faserigen Innenteil mit einem Löffel herausschaben. Den Kürbis mitsamt der Schale in etwa 3 cm große Stücke schneiden.

2. Den Knoblauch abziehen und durch eine Knoblauchpresse in eine Schüssel drücken. Olivenöl, Kreuzkümmel, Zimt und Chilipulver hinzufügen. Alles gut verrühren, dabei kräftig mit Salz und Pfeffer würzen. Den Kürbis gründlich mit der Ölmischung vermengen.

3. Die Heißluftfritteuse auf 190 °C einstellen, falls nötig vorheizen. Die Kürbisstücke in den Frittierkorb geben und in der Fritteuse 7–10 Minuten garen. Die Temperatur auf 200 °C erhöhen, den Kürbis durchrühren und in weiteren 2–5 Minuten leicht bräunen.

4. Inzwischen für den Hummus die Kichererbsen in einem Sieb abspülen, gut abtropfen lassen und in eine hohe Rührschüssel geben. Tahin und Zitronensaft dazugeben. Alles mit einem Stabmixer fein pürieren, dabei nach und nach das Olivenöl und esslöffelweise so viel kaltes Wasser dazugeben, bis eine cremige Masse entstanden ist. Kreuzkümmel und Paprikapulver untermixen, den Hummus mit Salz und Pfeffer abschmecken.

5. Die Frühlingszwiebeln putzen, abspülen, abtropfen lassen und in feine Ringe schneiden. Den Kürbis in eine Schüssel umfüllen. Gut die Hälfte der Frühlingszwiebeln untermischen, die restlichen Frühlingszwiebeln daraufstreuen. Den Kürbis zusammen mit dem Hummus servieren.

BEILAGENTIPP: Dazu passt frisches Fladenbrot.

GEMÜSECURRY

MIT KNUSPERTOFU

Zubereitungszeit: 25 Minuten
Marinierzeit: 20 Minuten
Garzeit: 24–35 Minuten

ZUTATEN FÜR 4 PORTIONEN

200 g Tofu natur
3 EL Sojasauce
50 g Speisestärke
500 g Möhren
2 Zucchini (etwa 400 g)
2 Schalotten
15 g Ingwer
2 EL Speiseöl, z. B. Erdnuss- oder Rapsöl
Salz
gem. Pfeffer
1–2 TL thailändische rote Currypaste
250 ml Kokosmilch
300 ml Gemüsebrühe
2–3 Prisen Zucker
3 EL Limettensaft
evtl. Thai-Basilikumblätter
evtl. Bio-Limette, in Spalten geschnitten

Zusätzlich:
Speiseöl zum Bepinseln oder Besprühen

Pro Portion
E: 16 g, F: 29 g, Kh: 21 g, kcal: 420

TIPPS: Currypaste kann manchmal sehr scharf sein. Deshalb mit einer kleinen Menge starten und das Curry dann später nach Belieben damit nachwürzen.

Statt Möhren grünen Spargel (in 4 cm lange Stücke geschnitten) mitgaren.

Als Beilage passen Basmati-Reis oder Udon-Nudeln.

1. Den Tofu in Küchenpapier wickeln und gut ausdrücken, damit er möglichst viel Flüssigkeit abgibt. Dann in etwa 3 cm große Würfel schneiden und zusätzlich mit Küchenpapier trocken tupfen. Den Tofu auf einem Teller auslegen, mit 1 EL Sojasauce beträufeln, darin wenden und etwa 10 Minuten ziehen lassen.

2. Die Speisestärke in einen tiefen Teller geben. Den Tofu abtropfen lassen und gründlich in der Speisestärke wenden, sodass er rundum damit überzogen ist. Den Tofu etwa 10 Minuten ruhen lassen.

3. Inzwischen die Möhren putzen, schälen, abspülen und in dünne, 2–3 cm lange Stifte schneiden. Die Zucchini abspülen, abtrocknen und die Enden abschneiden. Die Zucchini längs halbieren und die Hälften in gut 1 cm dicke Stücke schneiden. Die Schalotten abziehen, den Ingwer schälen, beides fein hacken.

4. Die Heißluftfritteuse auf 180 °C einstellen, falls nötig vorheizen. Möhren und Zucchini in einer Schüssel mit 1 EL Öl sowie etwas Salz und Pfeffer mischen. In den Frittierkorb geben und in der Fritteuse 6–10 Minuten frittieren, dabei einmal durchrühren. Das Gemüse soll am Ende nur leicht gebräunt sein und noch Biss haben.

5. Inzwischen das übrige Öl (1 EL) in einem Topf erhitzen und die Schalotten darin goldgelb dünsten. Den Ingwer kurz mitdünsten. 1 TL Currypaste dazugeben und unter Rühren kurz anrösten. 3–4 EL Kokosmilch (möglichst den dicken Rahm von oben) dazugeben und alles unter Rühren weiterbraten, bis fast die gesamte Flüssigkeit verdunstet ist. Übrige Kokosmilch und Brühe dazugießen. Mit der übrigen Sojasauce würzen und mit Currypaste, Salz sowie Pfeffer abschmecken. Offen 4–5 Minuten köcheln.

6. Das Gemüse aus der Fritteuse zur Sauce geben, alles bei kleiner Hitze offen 8–10 Minuten garen. Gleichzeitig die Heißluftfritteuse auf 200 °C einstellen. Den Tofu aus der Stärke nehmen, überschüssige Stärke abschütteln. Den Tofu rundum mit Öl bepinseln oder besprühen und in den Frittierkorb legen. Den Tofu in der Fritteuse in 10–15 Minuten knusprig rösten, zwischendurch durchrühren.

7. Das Curry mit Salz, Pfeffer, Zucker und Limettensaft abschmecken. Den Tofu darauf verteilen. Nach Belieben Basilikum- oder Korianderblätter und Limettenspalten als Garnitur daraufgeben.

SÜSSE LECKEREIEN

Auch für Süßschnäbel hält die Heißluftfritteuse feine Überraschungen bereit. Klassiker wie Quarkbällchen gelingen sehr viel fettärmer, für einen kleinen Kuchen kann der große Backofen kalt bleiben, und sogar die Müslimischung fürs Frühstück wird im Airfryer ruckzuck zu einem knusprigen Schmankerl.

KAISERSCHMARREN

MIT ROSINEN

Zubereitungszeit: 20 Minuten
Ruhezeit: 30 Minuten
Garzeit: 28–35 Minuten

ZUTATEN FÜR 4 PORTIONEN (ALS DESSERT)

40 ml Rum oder Wasser
25 g Rosinen
25 g Butter
3 Eier (Größe M)
Salz
1 Pck. Bourbon-Vanillezucker
2 geh. EL Zucker
125 g Weizenmehl (Type 405)
150 ml Milch (3,5 % Fett)

Zusätzlich:
Back- oder Auflaufform, die in den Frittierkorb passt (etwa 20 × 20 cm)
Butter für die Form
Puderzucker zum Bestäuben

Pro Portion
E: 11 g, F: 16 g, Kh: 43 g, kcal: 356

BEILAGENTIPP: Zum Schmarren schmeckt **Zwetschgenröster.** Dafür 80 g Zucker in einem Topf hellbraun karamellisieren. Mit 100 ml Wasser, Rotwein oder Orangensaft ablöschen. Achtung: Es kann zischen und spritzen, und es bildet sich eine harte Karamellplatte, die sich einfach bei mittlerer Hitze loskochen lässt. 500 g halbierte, entsteinte Zwetschgen (evtl. TK) mit ½ Zimtstange und 1 EL Zitronensaft dazugeben und alles 10–15 Minuten bei kleiner Hitze köcheln – zunächst zugedeckt, nach etwa der Hälfte der Zeit offen. Abkühlen lassen.

1. Rum oder Wasser in einem kleinen Topf erhitzen. Die Rosinen dazugeben und bis zum Backen darin ziehen lassen. Die Butter in die Backform geben und in der Heißluftfritteuse bei 160 °C (Vorheizen nicht nötig) in 3–5 Minuten zerlassen, dann leicht abkühlen lassen.

2. Inzwischen die Eier trennen. Eiweiß mit 1 Prise Salz in einem hohen Rührbecher mit einem Mixer (Rührstäbe) steif schlagen. Den Eischnee zugedeckt in den Kühlschrank stellen. Eigelb, Vanillezucker, Zucker und 1 Prise Salz in einer Schüssel mit dem Mixer (Rührstäbe) hell-schaumig aufschlagen.

3. Nach und nach abwechselnd je 1 EL Mehl und etwas Milch unterrühren, bis Mehl und Milch aufgebraucht sind. Zuletzt die flüssige Butter unterrühren. Den Butterrest in der Backform mit einem Pinsel in der gesamten Form (auch an den Rändern) verstreichen. Den Teig im Kühlschrank 30 Minuten zugedeckt quellen lassen.

4. Die Rosinen in ein Sieb abgießen und gründlich abtropfen lassen. Den Teig noch einmal kräftig mit einem Schneebesen durchrühren. Dann den Eischnee unterheben, bis kaum noch weiße Eischneeflocken zu sehen sind. Den Teig in die Form gießen und mit den Rosinen bestreuen.

5. Die Heißluftfritteuse auf 175 °C einstellen, falls nötig vorheizen. Die Form in die Fritteuse stellen. Den Schmarren in 18–25 Minuten auf der Oberseite goldbraun backen.

6. Dann den Schmarren in der Form mit einem Holzspatel in etwa 3 × 4 cm große Stücke teilen. Ist der Teig in der Mitte noch flüssig, den Schmarren noch kurz weiterbacken und fest werden lassen. Dann die Stücke in der Form wenden und auf der zweiten Seite in etwa 10 Minuten goldgelb backen.

7. Den Kaiserschmarren auf kleine Teller verteilen und mit Puderzucker bestäuben.

QUARKBÄLLCHEN
MIT GRÜTZE

Zubereitungszeit: 20 Minuten
Garzeit: 9–11 Minuten je Frittiervorgang

ZUTATEN FÜR 12 STÜCK

Für den Teig:
100 g Weizenmehl (Type 405)
1 TL Backpulver
½ Pck. Puddingpulver Vanillegeschmack
125 g Speisequark (20 % Fett)
1 Pck. Bourbon-Vanillezucker
25 g Zucker
1 Prise Salz
¼ TL abger. Bio-Zitronenschale
1 Ei (Größe M)

Zum Bestreichen und Wälzen:
100 g Butter
40 g Zucker
½ TL gem. Zimt
40 g geröstete, gem. Haselnusskerne

Zusätzlich:
Speiseöl zum Formen
Backpapier
etwa 400 g Kirschgrütze (aus dem Kühlregal)

Pro Stück
E: 4 g, F: 11 g, Kh: 19, kcal: 191

TIPP: Die Quarkbällchen schmecken frisch am besten. Sie lassen sich aber am nächsten Tag in der Heißluftfritteuse sehr gut wieder aufbacken und schmecken dann wie frisch.

1. Für den Teig Mehl, Backpulver und Puddingpulver in einer Rührschüssel mischen. Quark, Vanillezucker, Zucker, Salz, Zitronenschale und Ei dazugeben und alles mit einem Mixer (Knethaken) rasch zu einem glatten Teig verarbeiten (nicht zu lange, da der Teig sonst stark klebt).

2. Den Teig in zwölf gleich große Portionen (je etwa 30 g) teilen. Jede Portion mit leicht geölten Händen zu einer Kugel formen. Auf ein mit Backpapier belegtes Backblech legen und mit Frischhaltefolie abdecken, sodass die Bällchen nicht austrocknen.

3. Zum Bestreichen die Butter würfeln, in ein hitzebeständiges Schälchen geben, bei 80 °C in die Heißluftfritteuse stellen und in etwa 5 Minuten zerlassen. Zum Wälzen Zucker, Zimt und Haselnüsse auf einem großen Teller gut mischen.

4. Die Heißluftfritteuse auf 180 °C einstellen, falls nötig vorheizen. Ein Backpapierstück in der Größe des Frittierkorbs zuschneiden und in den Korb legen.

5. Die Quarkbällchen etwas nachformen und einige Bällchen mit genügend Abstand zueinander nebeneinander auf das Backpapier setzen (falls nötig portionsweise nacheinander verarbeiten).

6. Die Bällchen in der Fritteuse 5–6 Minuten frittieren, dann mit zerlassener Butter bepinseln, wenden und in weiteren 4–5 Minuten fertig frittieren.

7. Die Bällchen mit einer Zange aus der Fritteuse nehmen, rundum mit flüssiger Butter bepinseln oder in der Butter wenden, dann in der Zucker-Haselnuss-Mischung wenden. Auf einen Teller legen und etwas abkühlen lassen.

8. Die übrigen Bällchen nacheinander auf die gleiche Weise zubereiten. Die Quarkbällchen am besten noch etwas warm mit der Kirschgrütze servieren.

SCHEITERHAUFEN

MIT ÄPFELN

Zubereitungszeit: je 15 Minuten
Garzeit: 20–25 Minuten

ZUTATEN FÜR 6 PORTIONEN

300 g altbackener Butterzopf oder Brioche
350 g Äpfel, z. B. Boskop
2 EL Zitronensaft
½ TL gem. Zimt
4 Eier (Größe M)
400 ml Milch (3,5 % Fett)
1 Pck. Bourbon-Vanillezucker
60 g Zucker
evtl. 2 EL Orangenlikör

Zusätzlich:
Back- oder Auflaufform, die in den Frittierkorb passt (etwa 20 × 20 cm)
Butter für die Form
Puderzucker zum Bestäuben

Pro Portion
E: 35 g, F: 10 g, Kh: 26 g, kcal: 351

1. Den Zopf oder die Brioche in etwa 2 cm dicke Scheiben schneiden. Die Äpfel abspülen, abtrocknen, schälen, vierteln und die Kerngehäuse herausschneiden. Die Apfelviertel quer in etwa 2 mm dünne Scheiben schneiden und sofort in einer Schüssel mit Zitronensaft und Zimt mischen, damit sie nicht braun werden.

2. Eier, Milch, Vanillezucker, Zucker und nach Belieben Orangenlikör in einer Rührschüssel mit einem Schneebesen gründlich verrühren. Die Form mit Butter fetten.

3. Die Zopf- oder Briochescheiben nacheinander einzeln in die Eiermilch tauchen, sodass sie sich gut damit vollsaugen. Etwa die Hälfte der Scheiben dicht an dicht in einer Lage in die Form legen, dafür die Scheiben falls nötig etwas kleiner schneiden oder zupfen.

4. Die Äpfel gleichmäßig auf der ersten Zopf- oder Briocheschicht verteilen. Dann die übrigen Zopf- oder Briochescheiben wie beschrieben in die Eiermilch tunken und die Äpfel damit abdecken oder die Scheiben zwischen die Äpfel stecken. Die übrige Eiermilch darübergießen. Die Zopf- oder Briochescheiben mit einem Löffelrücken leicht nach unten in die Eiermilch drücken.

5. Die Heißluftfritteuse auf 160 °C einstellen, falls nötig vorheizen. Den Auflauf darin in 20–25 Minuten braun backen. Herausnehmen, auf einen Kuchenrost stellen und etwa 5 Minuten ruhen lassen. Mit Puderzucker bestäubt servieren.

BEILAGENTIPP: Zum Scheiterhaufen passt eine kalte **Vanillesauce**. Dafür 2 Eigelb (Größe M) mit 50 g Zucker, 15 g Speisestärke und 150 ml kalter Milch in einem Schälchen glatt verrühren. 350 ml Milch mit dem ausgekratzten Mark von 1 Vanilleschote und der Schote in einem Topf unter Rühren zum Kochen bringen. Den Topf von der Kochstelle nehmen und die Eiermilch unter ständigem Rühren in die heiße Milch gießen. Den Topf zurück auf die Kochstelle ziehen. Die Milch unter Rühren leicht zum Kochen bringen, bis die Sauce leicht andickt. Die Sauce abkühlen lassen. Im Kühlschrank aufbewahrt hält sie sich 1–2 Tage.

APFELWÖLKCHEN

MIT MANDELN

Zubereitungszeit: 45 Minuten
Garzeit: 8–12 Minuten je Frittiervorgang

ZUTATEN FÜR 16 STÜCK

Zum Vorbereiten:
35 g gestiftelte Mandeln
1 kleiner säuerlicher Apfel, z. B. Elstar

Für den Teig:
50 g Butter (zimmerwarm)
50 g Zucker
1 Pck. Bourbon-Vanillezucker
1 Ei (Größe M)
½ TL abger. Bio-Zitronenschale
1 Prise Salz
1 Msp. gem. Zimt
125 g Weizenmehl (Type 405)
1 TL Backpulver

Zusätzlich:
Backpapier
1 EL Puderzucker zum Bestäuben

Pro Stück
E: 2 g, F: 5 g, Kh: 13 g, kcal: 105

1. Als Vorbereitung die Mandeln in einer Pfanne ohne Fett bei mittlerer Hitze unter Wenden hell rösten. Alternativ in der Heißluftfritteuse (etwa 160 °C) in etwa 5 Minuten rösten. Aus der Pfanne oder Fritteuse nehmen und abkühlen lassen. Den Apfel abspülen, abtrocknen, vierteln und das Kerngehäuse herausschneiden. Die Apfelviertel in sehr kleine Würfel schneiden.

2. Für den Teig Butter, Zucker, Vanillezucker, Ei, Zitronenschale, Salz und Zimt in einer Rührschüssel mit einem Mixer (Rührstäbe) cremig schlagen. Das Mehl mit dem Backpulver mischen und unter die Buttercreme rühren. Apfelwürfel und Mandelstifte mit einem Löffel unterheben.

3. Die Heißluftfritteuse auf 180 °C einstellen, falls nötig vorheizen. Drei bis vier Stücke Backpapier in der Größe des Frittierkorbs zuschneiden.

4. Aus dem Teig mit einem Esslöffel etwa 16 gleich große Häufchen auf die Backpapierstücke setzen, dabei ausreichend Abstand zwischen den Teighäufchen lassen.

5. Die Apfelwölkchen nacheinander backen. Dafür je ein Backpapierstück mit Apfelwölkchen in den Korb legen und in der Fritteuse 8–12 Minuten frittieren. Herausnehmen, mit dem Backpapier auf einen Kuchenrost legen und erkalten lassen. Alle Apfelwölkchen backen und mit Puderzucker bestäubt servieren.

TIPP: Das Gebäck schmeckt ganz frisch am besten. Sollte aber einmal etwas übrig bleiben, können Sie die Apfelwölkchen in einer gut schließenden Dose 2–3 Tage aufbewahren. Dann nach Belieben in der Heißluftfritteuse nochmals kurz erwärmen.

ZIMTSCHNECKEN

ZUM ZUPFEN

Zubereitungszeit: 10 Minuten
Garzeit: 14–16 Minuten je Backvorgang

ZUTATEN FÜR 9 STÜCK

1 Pck. Hefeteig (450 g; aus dem Kühlregal)
50 g Butter (zimmerwarm)
4 EL Zucker
1 Msp. gem. Kardamom
1 TL gem. Zimt
Saft und abger. Schale von 1 Bio-Zitrone
50 g Cashewkerne
30 g Haselnusskrokant

Zusätzlich:
Backpapier

Pro Stück
E: 4 g, F: 10 g, Kh: 30 g, kcal: 233

1. Den Hefeteig aus dem Kühlschrank nehmen (Packungsanleitung beachten) und auf der Arbeitsfläche auseinanderrollen. Je nach Größe der Fritteuse ein oder zwei Stücke Backpapier in Größe des Frittierkorbs zuschneiden.

2. Butter, Zucker, Kardamom, Zimt, 3 EL Zitronensaft und Zitronenschale in einer Schüssel gründlich verrühren. Die Teigplatte mit etwa zwei Dritteln von der Buttermischung bestreichen, die übrige Buttermischung beiseitestellen.

3. Die Teigplatte von einer kurzen Seite beginnend aufrollen. Die Rolle mit einem scharfen Messer vorsichtig in neun gleich breite Stücke schneiden, dabei möglichst wenig Druck ausüben.

4. Die Zimtschnecken mit etwas Abstand zueinander auf das Backpapier legen, dabei falls nötig wieder etwas in Form bringen und ein wenig flach drücken.

5. Die Heißluftfritteuse auf 170 °C einstellen, falls nötig vorheizen. Die Zimtschnecken auf dem Backpapier in den Frittierkorb heben (falls nötig portionsweise nacheinander verarbeiten).

6. Die Zimtschnecken 6–8 Minuten backen. Inzwischen die Cashewkerne fein hacken und mit dem Krokant mischen. Die Schnecken Nach den 6–8 Minuten Backzeit mit der beiseitegestellten Buttermischung einpinseln und gleichmäßig mit der Cashewkernmischung bestreuen.

7. Die Temperatur der Heißluftfritteuse auf 160 °C reduzieren und die Zimtschnecken in etwa 8 Minuten fertig backen. Die Schnecken herausnehmen und auf einem Kuchenrost lauwarm oder vollständig abkühlen (am besten schmecken sie noch leicht warm).

SÜSSE SCHMANKERL

RAFFINIERT, ABER SUPEREINFACH

Die Heißluftfritteuse ist ein toller Helfer, wenn es darum geht, schnell mal nebenher ein paar Zutaten für die Weiterverarbeitung zu rösten. Nüsse, Mandeln und Getreideflocken bekommen so ein wunderbares Aroma oder werden superknusprig – und schmecken dann gleich noch mal so lecker! Wunderbar geeignet ist der Airfryer aber auch für kleine Gebäckmengen, für die man sonst den Backofen gar nicht erst anwerfen würde.

SCHOKOCOOKIES

Für 9 Stück **50 g Weizenmehl (Type 405), 20 g Speisestärke, 10 g gesiebtes Kakaopulver, 25 g Puderzucker, 1 TL Bourbon-Vanillezucker** und **1 Prise Salz** in einer Schüssel mischen. **50 g Butter (zimmerwarm)** hinzufügen und alles mit den Händen zügig zu einem glatten Teig verkneten. Zum Schluss **20 g gehobelte Mandeln** unterarbeiten. Den Teig zu einer Rolle (Ø 4–5 cm) formen, in Frischhaltefolie wickeln und etwa 60 Minuten in den Kühlschrank legen. Ein Backpapierstück in der Größe des Frittierkorbs der Heißluftfritteuse zuschneiden. Die Teigrolle auswickeln und in neun gleich dicke Scheiben schneiden, diese nebeneinander auf das Backpapier legen (falls nötig portionsweise nacheinander backen). Die Fritteuse auf 160 °C einstellen. Die Cookies in der Fritteuse etwa 15 Minuten backen. Herausnehmen und auf einem Kuchenrost erkalten lassen.
(Pro Stück: E: 2 g, F: 6 g, Kh: 8 g, kcal: 82)

GRANOLA

Für 5 Portionen 1 Auflauf- oder Backform, die in die Heißluftfritteuse passt, mit Speiseöl fetten. **125 g kernige Flockenmischung (z. B. Hafer-, Dinkel-, Gerstenflocken), je 1 EL gehackte Haselnuss-** und **Kürbiskerne, je 25 g Sonnenblumenkerne, Leinsamen und Sesamsamen** sowie **4 EL Agavendicksaft** oder **Ahornsirup** dazugeben. Alles gut vermischen. Die Heißluftfritteuse auf 160 °C einstellen, falls nötig vorheizen. Die Granolamischung in der Fritteuse in etwa 10 Minuten knusprig backen. Herausnehmen und erkalten lassen. In Schraubdeckelgläsern aufbewahrt hält sich das Granola etwa 4 Wochen. Zum Essen nach Belieben mit Milch oder Joghurt mischen. (Pro Portion: E: 8 g, F: 9 g, Kh: 27 g, kcal: 240)

FRUCHTMANDELN

Für 4 Portionen die Heißluftfritteuse auf 150 °C einstellen, falls nötig vorheizen. **100 g Mandeln** in den Frittierkorb geben und in der Fritteuse etwa 10 Minuten rösten. **40 g weiße Schokolade** hacken und in eine Schüssel oder Vorratsdose mit gut schließendem Deckel geben. **20 g gefriergetrocknete Erd- oder Himbeeren** (z. B. aus dem Bioladen) in einem Blitzhacker zu Pulver vermahlen und in einer Schüssel mit **1 EL Puderzucker** mischen. Die heißen Mandeln auf die Schokolade geben und alles verrühren, bis die Schokolade geschmolzen und gut mit den Mandeln gemischt ist. Die Fruchtpulvermischung dazugeben. Die Schüssel oder Dose gut verschließen und etwa 1 Minute kräftig schütteln. Die Mandelmischung auf Backpapier verteilen und trocknen lassen. (Pro Portion: E: 7 g, F: 16 g, Kh: 12 g, kcal: 420)

ZITRONENKUCHEN

MIT MOHN

Zubereitungszeit: 15 Minuten
Backzeit: 50–60 Minuten

ZUTATEN FÜR 10 STÜCKE

Für den Teig:
180 g Weizenmehl (Type 405)
1 TL Backpulver
50 g gem. Mohn
1 Bio-Zitrone
180 g Butter (zimmerwarm)
180 g Zucker
Salz
3 Eier (Größe M)
80 g Ricotta (italienischer Frischkäse)
200 g Puderzucker

Zusätzlich:
Kastenform (etwa 11 × 20 cm)
Butter und Mehl für die Form

Pro Stück
E: 6 g, F: 20 g, Kh: 51 g, kcal: 415

TIPP: Sollte der Zitronensaft für den Guss nicht ausreichen und keine weitere Frucht vorhanden sein, rühren Sie einfach etwas Wasser unter, bis der Guss die gewünschte Konsistenz hat.

1. Für den Teig das Mehl in einer Schüssel mit Backpulver und Mohn mischen. Die Zitrone heiß abwaschen und abtrocknen. Die Schale fein abreiben und den Saft auspressen. Die Zitronenschale unter das Mehl mischen.

2. Die Butter in Stückchen schneiden und in eine Rührschüssel geben. Mit einem Mixer (Rührstäbe) auf höchster Stufe cremig rühren, dabei nach und nach den Zucker und 1 Prise Salz einrieseln lassen. Die Eier einzeln nacheinander gründlich unterrühren, bis eine helle, cremige Masse entstanden ist. Dann 2 EL Zitronensaft kurz unterrühren, übrigen Zitronensaft für den Guss beiseitestellen. Die Mehlmischung dazugeben und alles auf mittlerer Stufe nur kurz verrühren. Den Ricotta mit einem Teigschaber unterheben.

3. Die Form mit Butter fetten und dünn mit Mehl ausstäuben, überschüssiges Mehl herausschütteln. Den Teig in die Form geben und glatt streichen. Mit dem Teigschaber längs in der Mitte des Teiges eine leichte Linie einziehen – dort bricht er dann beim Backen auf.

4. Die Heißluftfritteuse auf 155 °C einstellen, falls nötig vorheizen. Den Kuchen in der Fritteuse in 50–60 Minuten goldbraun backen, dabei gegen Ende kontrollieren und eine Stäbchenprobe machen. Dazu mit einem Holzspießchen in der Mitte des Kuchens einstechen und das Stäbchen herausziehen. Haftet kein Teig am Stäbchen, ist der Kuchen fertig. Andernfalls den Kuchen noch einige Minuten weiterbacken und die Stäbchenprobe wiederholen.

5. Die Form aus der Fritteuse heben und den Kuchen darin auf einem Kuchengitter etwas abkühlen lassen. Dann aus der Form stürzen und erkalten lassen.

6. Für den Guss den Puderzucker nach und nach mit etwa 3 EL Zitronensaft in einer Schüssel mit einem kleinen Schneebesen glatt verrühren, der Guss sollte dickflüssig sein. Den Kuchen mit dem Zuckerguss überziehen und diesen trocknen lassen.

BROWNIES

MIT HASELNÜSSEN

Zubereitungszeit: 20 Minuten
Röstzeit (Haselnüsse): 8–10 Minuten
Backzeit: 35–40 Minuten

ZUTATEN FÜR 16 STÜCKE

70 g Haselnusskerne
120 g Zartbitterschokolade (mind. 60 % Kakaoanteil)
120 g Butter
100 g Zucker
50 g brauner Rohrohrzucker (Muscovado)
90 g Weizenmehl (Type 405)
20 g Kakaopulver, gesiebt
3 Eier (Größe L)
Salz
70 g Nuss-Nougat-Creme (zimmerwarm)

Zusätzlich:
Back- oder Auflaufform, die in den Frittierkorb passt (etwa 20 × 20 cm)
Butter für die Form

Pro Stück
E: 4 g, F: 15 g, Kh: 19 g, kcal: 232

TIPP: Beim Unterrühren von Butter und Mehlmischung behutsam arbeiten, damit möglichst viel Luft in der Eiermasse bleibt. Dazu beides am besten in sanften Bewegungen in Form einer Acht mit einem Kochlöffel oder Teigspatel unter die Eiermasse heben.

1. Die Heißluftfritteuse auf 150 °C einstellen, falls nötig vorheizen. Die Haselnüsse in den Frittierkorb geben und in der Fritteuse 8–10 Minuten rösten, bis die Häute aufplatzen und dunkler werden, dabei zwischendurch ein- oder zweimal durchrühren. Die Nüsse auf ein sauberes Küchentuch geben und 5–10 Minuten abkühlen lassen. Dann das Tuch wie einen Beutel um die Nüsse schließen und die Nüsse im Tuch gegeneinander reiben, um die braunen Häute zu entfernen. Die gehäuteten Nüsse aus dem Tuch nehmen und auf einem Brett mit einem großen Messer jeweils halbieren.

2. Die Schokolade mit einem großen Messer klein hacken. Die Butter in Stücke schneiden und in einem Topf bei kleiner Hitze zerlassen. Beide Zuckersorten dazugeben und unter Rühren schmelzen lassen, bis eine dickliche, glatte Masse entstanden ist. Den Topf von der Kochstelle nehmen, die Schokolade hineingeben und unter Rühren schmelzen. Die Schokoladenasse mindestens lauwarm abkühlen lassen.

3. Das Mehl mit Kakaopulver mischen. Die Eier mit 1 Prise Salz in einer Rührschüssel mit einem Mixer (Rührstäbe) zunächst auf niedrigster, dann auf höchster Stufe in etwa 5 Minuten dick-cremig und weißlich aufschlagen. Die Schokoladenmasse vorsichtig unter die Eiercreme rühren. Dann die Mehlmischung vorsichtig unterrühren, bis ein zähflüssiger Teig entstanden ist.

4. Die Form mit Butter fetten. Den Teig in die Form geben und glatt streichen. Die Nuss-Nougat-Creme teelöffelweise auf den Teig geben und mit einer Gabel schlierenartig auf dem Teig verteilen. Die Haselnüsse daraufstreuen und leicht eindrücken.

5. Die Heißluftfritteuse auf 160 °C einstellen, falls nötig vorheizen. Die Form in den Frittierkorb stellen und die Brownieplatte 35–40 Minuten backen. Gegen Ende eine Stäbchenprobe machen. Dazu ein Holzstäbchen in die Mitte des Teiges stecken und wieder herausziehen. Der Teig darf noch weich und feucht, aber nicht mehr flüssig sein – haftet noch flüssiger Teig am Stäbchen, den Kuchen noch einige Minuten weiterbacken.

6. Den fertigen Kuchen aus der Fritteuse nehmen, kurz abkühlen lassen, dann aus der Form stürzen, wenden und auf einem Kuchenrost abkühlen lassen. Zum Servieren in 16 Stücke schneiden.

HEIDELBEERMUFFINS

MIT BUTTERMILCH

Zubereitungszeit: 30 Minuten
Backzeit: 15–20 Minuten je Backvorgang

ZUTATEN FÜR 6 STÜCK

60 g kleine Heidelbeeren
125 g Weizenmehl (Type 405)
1 gestr. TL Backpulver
1 Ei (Größe M)
120 g Buttermilch
40 ml Speiseöl, z. B. Rapsöl
50 g Zucker
1 Pck. Bourbon-Vanillezucker
1 Prise Salz

Zusätzlich:
6 Silikon-Muffinförmchen (Ø je etwa 7 cm; 3 ½ cm hoch) oder 12 Papierbackförmchen (je 2 Förmchen ineinanderstellen)

Pro Stück
E: 4 g, F: 8 g, Kh: 27 g, kcal: 198

1. Die Heidelbeeren verlesen, kurz abspülen und gut abtropfen lassen, dann trocken tupfen.

2. Das Mehl in einer Schüssel mit dem Backpulver mischen. Das Ei in einer zweiten Schüssel mit Buttermilch, Öl, Zucker, Vanillezucker und 1 Prise Salz mit einem Schneebesen gründlich verrühren.

3. Die Mehlmischung zur Buttermilchmischung geben und alles gründlich und klümpchenfrei mit einem Schneebesen oder Kochlöffel verrühren. Zuletzt die Heidelbeeren unterrühren.

4. Den Teig in die Silkon-Muffinförmchen oder Papierförmchen füllen. Die Förmchen in den Frittierkorb stellen (falls nötig portionsweise nacheinander backen).

5. Die Heißluftfritteuse auf 160 °C einstellen, falls nötig vorheizen. Die Muffins in der Fritteuse 15–20 Minuten backen. Herausnehmen und auf einem Kuchenrost erkalten lassen.

VARIANTE: **Rhabarbermuffins**
Für 6 Stück 100 g Marzipanrohmasse auf einer Küchenreibe fein raspeln. 125 g Weizenmehl (Type 405) mit 1 gestr. TL Backpulver mischen. 50 g weiche Butter in einer Rührschüssel mit einem Mixer (Rührstäbe) erst auf niedrigster Stufe verrühren, dann auf höchster Stufe cremig rühren. Die Marzipanrohmasse gut unterrühren. Dann nach und nach unter weiterem Rühren 50 g Zucker, 1 Pck. Bourbon-Vanillezucker und 1 Prise Salz dazugeben. Alles in 4–5 Minuten cremig-weißlich aufschlagen. 1 Ei (Größe M) unterrühren. Abwechselnd esslöffelweise die Mehlmischung und 75 ml Milch (3,5 % Fett) unterrühren. Zum Schluss 200 g kleine Rhabarberstücke vorsichtig unterheben. Den Teig wie oben in Schritt 4 beschrieben in Förmchen füllen und in der Heißluftfritteuse backen.

SCHOKOCUPCAKES

MIT CREAMCHEESE-TOPPING

Zubereitungszeit: 50 Minuten
Backzeit: 15–20 Minuten je Backvorgang
Kühlzeit: 30 Minuten

ZUTATEN FÜR 6 STÜCK

Für den Teig:
50 g Zartbitterschokolade (mind. 60 % Kakaoanteil)
120 g Weizenmehl (Type 405)
1 EL Kakaopulver, gesiebt
1 TL Backpulver
2 Eier (Größe M)
70 g Zucker
1 Prise Salz
50 ml Speiseöl, z. B. Rapsöl
80 ml Milch (3,5 % Fett)

Für das Topping:
100 g weiße Schokolade
175 g Doppelrahm-Frischkäse
50 g Butter (zimmerwarm)
2 Spritzer Zitronensaft

Zusätzlich:
6 Silikon-Muffinförmchen (Ø je etwa 7 cm, 3 ½ cm hoch) oder 12 Papierbackförmchen (je 2 Förmchen ineinanderstellen)
Spritzbeutel mit breiter Sterntülle
evtl. weiße Schokospäne (mit einem Sparschäler von einer Schokoladentafel abgezogen) zum Garnieren

Pro Stück
E: 10 g, F: 35 g, Kh: 42 g, kcal: 528

1. Für den Teig die Schokolade in kleine Stücke brechen und in ein hitzebeständiges Schälchen geben. Die Heißluftfritteuse auf 160 °C einstellen, falls nötig vorheizen. Die Schokolade darin in 5–7 Minuten schmelzen, dabei zwischendurch zwei- oder dreimal umrühren, dann herausnehmen.

2. Inzwischen Mehl, Kakaopulver und Backpulver in einer Schüssel gründlich mischen. In einer zweiten Schüssel Eier, Zucker und Salz mit einem Schneebesen verrühren, dann das Öl und die Milch gründlich unterrühren.

3. Die Mehlmischung zügig unter die Eiermischung rühren, zuletzt die geschmolzene Schokolade unterrühren.

4. Den Teig in die Silikon-Muffinförmchen oder Papierförmchen füllen. Die Förmchen in den Frittierkorb stellen (falls nötig portionsweise nacheinander backen). Die Heißluftfritteuse auf 160 °C einstellen, falls nötig vorheizen. Die Muffins in der Fritteuse 15–20 Minuten backen. Herausnehmen und auf einem Kuchenrost erkalten lassen.

5. Inzwischen für das Topping die weiße Schokolade in Stücke brechen und in ein hitzebeständiges Schälchen geben. Die Heißluftfritteuse auf 150 °C einstellen, falls nötig vorheizen. Die Schokolade in der Fritteuse in 5–7 Minuten schmelzen, dabei zwischendurch zwei- oder dreimal umrühren. Die Schokolade herausnehmen und leicht abkühlen lassen.

6. Den Frischkäse in einer Rührschüssel mit einem Mixer (Rührstäbe) cremig rühren. Dabei die leicht abgekühlte Schokolade unterrühren. Die Butter würfeln und nach und nach unterrühren. Mit Zitronensaft abschmecken und zugedeckt 30 Minuten in den Kühlschrank stellen.

7. Die Creme in den Spritzbeutel füllen und kreisförmig von außen nach innen zu einer Rosette auf die abgekühlten Muffins spritzen. Nach Belieben mit Schokospänen bestreuen.

MINI-QUARKSTRUDEL

MIT LIMETTENZUCKER

Zubereitungszeit: 20 Minuten
Backzeit: 35–40 Minuten

ZUTATEN FÜR 6 PORTIONEN

Für die Strudel:
1 Ei (Größe M)
1 Prise Salz
500 g Magerquark
20 g Speisestärke
30 g Vollkorn-Semmelbrösel (Vollkorn-Paniermehl)
100 g Zucker
50 g Soft-Cranberrys oder Sultaninen
6 Strudelteigblätter (aus dem Kühlregal)
etwa 80 g zerlassene Butter

Evtl. für einen Guss:
50 g Schlagsahne
1 EL Zucker

Für den Limettenzucker:
3 EL Zucker
abger. Schale von 2 Bio-Limetten
1 Msp. gem. Koriander

Zusätzlich:
Backpapier
evtl. Puderzucker zum Bestäuben

Pro Portion
E: 16 g, F: 13 g, Kh: 51 g, kcal: 388

1. Für die Strudel das Ei trennen. Das Eiweiß mit dem Salz in einem hohen Rührbecher mit einem Mixer (Rührstäbe) steif schlagen. Quark, Eigelb, Stärke, Semmelbrösel, und Zucker in einer Rührschüssel glatt verrühren. Den Eischnee dazugeben und mit einem Schneebesen unterziehen. Zum Schluss die Cranberrys oder Sultaninen unterheben.

2. Nacheinander drei kleine Strudel herstellen. Dafür pro Strudel auf der Arbeitsfläche 1 Strudelteigblatt ausbreiten und dünn mit etwas zerlassener Butter bepinseln. Ein zweites Strudelteigblatt deckungsgleich darauflegen und ebenfalls mit Butter bepinseln. Die doppelte Teigplatte einmal der Länge nach mittig falten, sodass vier Teigschichten übereinanderliegen. Die letzte Teigschicht ebenfalls mit etwas Butter bepinseln. Ein Drittel der Quarkfüllung auf eine kurze Seite der Teigplatte geben und so verstreichen, dass etwa ein Drittel der Platte bedeckt ist, dabei am Rand je etwa 3 cm frei lassen. Die seitlichen Teigränder über der Füllung einschlagen und den Teig locker von unten nach oben aufrollen.

3. Ein Stück Backpapier in der Größe des Frittierkorbs zuschneiden, dabei das Papier auf zwei gegenüberliegenden Seiten überstehen lassen (so lassen sich die Strudel später gut aus dem Korb heben). Die Heißluftfritteuse auf 160 °C einstellen, falls nötig vorheizen. Das Backpapier in den Frittierkorb leben, die Strudel nebeneinander darauflegen und auf der Oberfläche dünn mit Butter bepinseln. Die Strudel in der Fritteuse 35–40 Minuten backen, dabei zwischendurch noch zwei- bis dreimal mit Butter bepinseln. Alternativ nach Belieben für einen Guss Sahne und Zucker verrühren und die Strudel nach etwa der Hälfte der Backzeit damit bepinseln.

4. Für den Limettenzucker Zucker, Limettenschale und Koriander mischen. Zum Servieren die Strudel leicht abkühlen lassen, portionieren, mit Limettenzucker bestreuen und nach Belieben mit Puderzucker bestäuben.

TIPPS: Wer nur eine kleine Fritteuse hat, bereitet insgesamt sechs kleine Strudel aus je 1 Teigblatt und einem Sechstel der Füllung zu. Dafür das Teigblatt mit Butter bepinseln, mittig der Länge nach falten, erneut mit Butter bestreichen und nochmals mittig falten. Füllen und aufrollen. Dann je nach Größe des Frittierkorbs je zwei oder drei Strudel nacheinander backen.

PAVLOVA

MIT VANILLECREME

Zubereitungszeit: 60 Minuten
Backzeit: 35–45 Minuten

ZUTATEN FÜR 6 PORTIONEN

Für das Baiser:
3 Eiweiß (Größe L)
200 g Zucker
1 TL Zitronensaft

Für die Vanillecreme:
3 Eigelb (Größe L)
70 g Zucker
40 g Speisestärke
350 ml Milch (3,5 % Fett)
2 Pck. Bourbon-Vanillezucker
250 g Schlagsahne (mind. 30 % Fett)

Zusätzlich:
Spritzbeutel mit großer Sterntülle
Backpapier
350 g gemischte Beeren, z. B. Himbeeren, Heidelbeeren, Brombeeren, Erdbeeren
evtl. Minzeblätter zum Garnieren

Pro Portion
E: 7 g, F: 19 g, Kh: 62 g, kcal: 452

TIPP: Nicht bei allen Fritteusenmodellen lässt sich die Temperatur im Frittiermodus stufenlos einstellen. Verwenden Sie dann z. B. die Backfunktion. Gibt es die angegebene Temperatur bei Ihrem Modell in keinem Modus, wählen Sie die, die am nächsten liegt, z. B. 90 °C statt 100 °C, und lassen Sie das Baiser etwas länger trocknen.

VARIANTE: Die Pavlova mit leicht gesüßter Schlagsahne statt mit Vanillecreme füllen.

1. Für das Baiser Wasser in einem Topf aufkochen, dann die Hitze reduzieren, sodass das Wasser nur noch leicht köchelt. Eiweiß, Zucker und Zitronensaft in eine Metall-Rührschüssel geben. Die Schüssel so über den Topf hängen, dass sie das Wasser nicht berührt. Die Zutaten mit einem Mixer (Rührstäbe) verrühren, bis sich der Zucker vollständig gelöst hat und die Eiweißmasse leicht erwärmt ist. Die Schüssel vom Topf nehmen, den Eiweißschaum mit dem Mixer (Rührstäbe) auf höchster Stufe 8–10 Minuten rühren, bis er dick und glänzend weiß ist. Am Ende sollten feste Spitzen im Eischnee stehen bleiben. Die Baisermasse in einen Spritzbeutel mit großer Sterntülle geben.

2. Die Heißluftfritteuse auf 120 °C einstellen, falls nötig vorheizen. Ein Backpapierstück in der Größe des Frittierkorbs zuschneiden und in den Frittierkorb legen. Die Baisermasse kreisförmig von außen nach innen auf das Papier aufspritzen, dann rundum noch einen Rand aufspritzen. Das Baiser in der Fritteuse etwa 20 Minuten backen, dann die Temperatur auf 100 °C reduzieren und das Baiser in 15–25 Minuten knusprig backen, ohne dass es bräunt. Das Baiser vorsichtig herausnehmen und prüfen, ob es auf der Unterseite schon fest ist. Falls es noch nicht fest ist, umgedreht etwa 10 Minuten weiterbacken. Die Fritteuse ausschalten, das Baiser darin vollständig abkühlen lassen.

3. Für die Vanillecreme Eigelb, Zucker und Stärke in einer Schüssel verrühren. Milch und Vanillezucker in einem Topf unter Rühren aufkochen. 2 EL heiße Milch unter die Eigelbcreme rühren, diesen Vorgang noch dreimal wiederholen. Dann die Eigelbcreme unter die übrige Milch rühren und alles unter Rühren erhitzen, aber nicht kochen (sonst gerinnt das Eigelb!). Sobald die Masse angedickt ist, den Topf von der Kochstelle nehmen. Die Creme noch 1 Minute rühren. Unter gelegentlichem Rühren erkalten lassen.

4. Die Beeren verlesen, kurz abspülen und abtropfen lassen oder trocken tupfen. Die Sahne mit dem Mixer (Rührstäbe) steif schlagen. Die abgekühlte (!) Vanillemasse einmal gründlich mit dem Mixer durchrühren, dann die Schlagsahne portionsweise unterschlagen.

5. Das Backpapier vom Baiserboden abziehen, den Boden auf eine Tortenplatte legen. Das Baiser in der Mitte leicht mit einem Löffelrücken eindrücken. Die Creme wolkig darauf verteilen und die Beeren daraufgeben. Nach Belieben mit Minzeblättern garnieren.

REGISTER VON A–Z

A/B/C

D/E/F

G/H

J/K

L/M/N

O/P/Q

R/S/T

V/W/Z

IMPRESSUM

HINTER JEDEM TOLLEN BUCH STECKT EIN STARKES TEAM

Projektleitung: *Karin Kerber*
Lektorat: *Angelika Ilies*
Korrektorat: *Susanne Noll*
Rezepte: *Dr. Oetker Verlag*
Titelgestaltung, Layout, Satz: *Büro 18, Friedberg/Bayern*
Herstellung: *Frank Jansen*
Producing: *Jan Russok*
Druck & Bindung: *Mohn Media Mohndruck GmbH, Gütersloh*

UNSER VERLAGSHAUS

Mit Standorten in Hamburg und München zählt die Edel Verlagsgruppe zu den größten unabhängigen Buchanbietern Deutschlands. Zur Gruppe gehören die Verlage Dr. Oetker Verlag, Edel Sports, KARIBU und ZS.

Die Bücher und E-Books unter der Marke Dr. Oetker Verlag erscheinen als Lizenz in der Edel Verlagsgruppe GmbH
www.oetker-verlag.de
www.facebook.com/Dr. OetkerVerlag
www.instagram.com/Dr. OetkerVerlag

LIEBE LESERINNEN, LIEBE LESER,

seit 130 Jahren gibt es Dr. Oetker Bücher, viele davon sind seit Jahrzehnten im Programm. Mit jedem Buch, mit jeder Aktualisierung eines unserer Klassiker erfinden wir uns neu. Was bleibt, ist immer der Kern unserer Bücher: Praktisch müssen sie sein und funktionieren muss alles. Gerne auch mal den einen oder anderen Kniff anbieten, den Sie vielleicht noch nicht kannten. Deshalb kommen Ihnen die Dr. Oetker Bücher so modern und frisch und doch so vertraut vor.

Viel Spaß und viel Erfolg wünschen wir Ihnen auch mit diesem Buch.
Ihre Dr. Oetker Verlagsredaktion

5. Auflage 2025

Neumühlen 17, 22763 Hamburg
ISBN: 978-3-7670-1921-8
Redaktionsanschrift:
Dr. Oetker Verlag,
Edel Verlagsgruppe GmbH,
Kaiserstraße 14b, 80801 München
www.oetker-verlag.de/kontakt
www.edelverlagsgruppe.de/kontakt

BILDNACHWEIS

Titelfoto: StockFood/Jan Wischnewski
Fotografie Innenteil: Mathias Neubauer **außer:** Adobe Stock/Nurul: S. 7; Adobe Stock/Olha Kozachenko: S. 10 o.; Anke Politt: S. 88, 89; Antje Plewinski: S. 55 u.; Barbara Sporrer: S. 42, 65; Eising Studio/Food, Photo & Video: S. 6, 54, 89 o., 118, 119 u.; Fotos mit Geschmack: S. 61, 81; Kramp & Gölling: S. 10 u., 30, 33; Melanie Zanin: 21, 116, 119 o., 128; Shutterstock/Yeti studio: S. 11 u.; Shutterstock/Tarzhanova: S. 11 M.; Stockfood/Julia Skowronek (Foodstyling: Andrea Schmid): S. 39, 111, 115; Studio Diercks Media GmbH: S. 55 o.; Wolfgang Schardt: S. 85